HUMILDADE
E **MANSIDÃO**

Pe. Eliomar Ribeiro, SJ
[organizador]

Ir. Aíla Pinheiro de Andrade, NJ | Pe. António Sant'Ana, SJ
Lourdes Pimenta Pereira da Silva | Luan Belushi
Pe. Frédéric Fornos, SJ

HUMILDADE
E MANSIDÃO

Preparação e revisão: Maria Suzete Casellato
Capa: Ronaldo Hideo Inoue
   Composição a partir da ilustração de Luís Henrique Alves Pinto. Nas orelhas, detalhe da imagem generativa de © Denis Yevtekhov/Adobe Stock e foto do acervo pessoal do autor.
Diagramação: Sowai Tam

Edições Loyola Jesuítas
Rua 1822 nº 341 – Ipiranga
04216-000 São Paulo, SP
T 55 11 3385 8500/8501, 2063 4275
editorial@loyola.com.br
vendas@loyola.com.br
www.loyola.com.br

Todos os direitos reservados. Nenhuma parte desta obra pode ser reproduzida ou transmitida por qualquer forma e/ou quaisquer meios (eletrônico ou mecânico, incluindo fotocópia e gravação) ou arquivada em qualquer sistema ou banco de dados sem permissão escrita da Editora.

ISBN 978-65-5504-406-5

© EDIÇÕES LOYOLA, São Paulo, Brasil, 2024

109830

Sumário

Apresentação ... 9

Viver a mansidão e a humildade ao modo de Jesus: uma hermenêutica de Mt 11,29
Ir. Aíla Luzia Pinheiro de Andrade, NJ ... 13
   1. A terminologia ... 14
   2. Aprender de Jesus: discipulado no Evangelho de Mateus ... 18
   3. Descanso para a alma: exigência e libertação ... 21
   Considerações finais ... 22
   Referências bibliográficas ... 25

Conhecer intimamente a Cristo para buscar, encontrar, amar e oferecer a vida a Deus
Pe. António de Magalhães Sant'Ana, SJ ... 27
   1. A descoberta da centralidade de Cristo como porta para Deus ... 28
   2. Responder à chamada do Rei eterno para servir a Igreja ... 34
   3. Uma contemplação que leva à ação ... 38
   4. Oferecimento das obras do dia ... 42

O legado de Santa Margarida Maria, a mística do Coração de Jesus
Lourdes Pimenta Pereira da Silva ... 49
    Lista de abreviaturas (obras) ... 49
        1. Primeiros anos de vida ... 50
        2. A escolha ... 51
        3. A oferta da vida ... 54
        4. Obediência, humildade e mansidão ... 58
        5. Amor e honra ao Sagrado Coração de Jesus, na Eucaristia ... 61
        6. O culto e a consagração ao Coração de Jesus ... 66
        7. Da perseguição à canonização ... 69
        8. Lançar-se no lado aberto do Senhor ... 70
    Referências bibliográficas ... 73

Juventude: a busca de equilíbrio em si mesmo
Luan Belushi ... 75
    1. Autoconhecimento ... 77
    2. Autenticidade ... 85
    3. Errar faz parte ... 88
    4. Saber pedir ajuda ... 90
    5. Separe o joio do trigo ... 92

A espiritualidade do Sagrado Coração de Jesus impulsiona nossa missão de compaixão pela humanidade
Pe. Frédéric Fornos, SJ ... 95
    Introdução: Evangelho do paralítico ... 95
        1. A devoção ao Coração de Jesus, uma fonte de água viva ... 97
        2. Próximos do Coração de Jesus, disponíveis para sua missão ... 100

Aprender com Jesus para viver em plenitude
Pe. Eliomar Ribeiro, SJ 117
    1. Mudar o coração 119
    2. Mudança de olhar 122
    3. Mudança de rumo 125
    4. Mudança de lugar 128
    5. Mudar os sentimentos 131
    6. Final do começo 134

Apresentação

No filme o Mágico de Oz, temos o seguinte diálogo entre o Espantalho e o Homem de lata:

- Vou pedir um cérebro em vez de um coração – disse o Espantalho –, porque um tolo não saberia o que fazer com um coração mesmo que tivesse um.
- Vou pegar o coração – respondeu o Homem de lata –, porque a inteligência não faz uma pessoa feliz e a felicidade é a coisa mais linda do mundo.

Que grande arte saber conjugar inteligência e coração! Nossa vida não é feita de negação e dicotomias. Buscamos unidade e síntese. Como nos ensina Santa Teresinha, todas as pequenas coisas têm valor de salvação. A lição de casa que se aprende todos os dias é pedir e desejar a Humildade e a Mansidão.

Ir. Aíla, nos propõe como viver a mansidão e a humildade ao modo de Jesus, ajudando na compreensão do que sugere Jesus em Mateus 11,29: "Tomai sobre vós o meu jugo e aprendei de mim, porque sou manso e humilde de coração, e encontrareis descanso para vossas almas". O Mestre Jesus não somente faz uma exortação a respeito de como os cristãos devem agir, mas, principalmente, sobre a natureza do seu coração. O termo "aprender" deve ser entendido como "configurar" a própria vida à vida de Jesus, em outras palavras, é viver como ele viveu, tendo seus sentimentos, pensamentos e modo de agir. É ser no mundo como Jesus é.

Pe. António Sant'Ana, nos sugere, a partir da espiritualidade inaciana, o conhecimento interno de Cristo para buscar, encontrar, amar e oferecer a vida a Deus. E nos provoca com sua pergunta inicial: como é que a espiritualidade inaciana, presente nos *Exercícios Espirituais*, pode ajudar os membros da Rede Mundial de Oração do Papa e os demais fiéis a viverem mais próximos da dinâmica da Trindade no oferecimento da própria vida?

Lourdes Pimenta discorre sobre o legado espiritual que Santa Margarida Maria, a mística do Coração de Jesus, deixa para a Igreja. As experiências místicas vividas por Santa Margarida Alacoque nos levam a um imaginário de tão grande beleza, que a mente humana já não consegue alcançar: trata-se do divino, que transcende a lógica humana, numa dimensão espiritual. Como compreender um Coração fora do peito? Devemos nos curvar diante do mistério e mergulhar no Amor que se serviu de uma simbologia humana para tocar os nossos corações.

Luan Belushi nos ajuda a mergulhar na temática da vida do mundo dos jovens, que vivem imersos numa cultura que gera vida e morte. Tendo como referência o autoconhecimento, a autenticidade, o erro como parte do processo, o saber pedir ajuda e a arte de separar o joio e o trigo no tempo certo, ele nos faz passar pelo universo juvenil. Em diversos momentos da vida é preciso recalcular a rota, olhar para dentro de si mesmo e entender que não se é o jovem que o mundo deseja; é necessário ter o compromisso diário consigo mesmo de ser melhor. Precisamos estar muito conectados com nossos valores, não negociá-los, nem abrir mão deles. Afinal de contas, nossos valores são nosso maior tesouro.

Pe. Frédéric Fornos, nos leva a refletir como a espiritualidade do Sagrado Coração de Jesus impulsiona nossa missão de compaixão pela humanidade. Nossa missão e nossa disponibilidade apostólica têm origem nessa experiência pessoal de encontro com Cristo, aproximando nosso coração do Coração de Jesus. Nossa proximidade ao seu Coração nos torna sensíveis à sua alegria e ao seu sofrimento pelo mundo, ao seu amor pela humanidade.

Finalmente, no último texto, vamos aprofundar o que podemos aprender com Jesus para viver em plenitude. O cristianismo trouxe, de modo inédito e decisivo, uma nova imagem de Deus e instituiu novas relações entre Deus e o ser humano. Em Jesus de Nazaré contemplamos o rosto e o modo como Deus se relaciona com a humanidade. Somos discípulos aprendizes, peregrinos do Reino, atentos às mudanças de nosso tempo, abertos às novidades, sem negociar com a maldade do mundo. O Senhor nos oferece muitas chaves de sentido e de interpretação para a incrível e maravilhosa experiência que é viver: "aprendam de mim que sou manso e humilde de coração", "entre vocês, quem quiser ser o maior e o primeiro, seja o servidor de todos".

Que a leitura destes textos leve você a crescer no amor ao Coração de Jesus que tanto nos ama e a acolher com gratidão a sua presença que diariamente faz arder o nosso coração, como fez aos discípulos de Emaús. Acompanhados pela Mãe de Jesus vamos apressadamente anunciar as maravilhas que o Senhor está fazendo em nossas vidas com um coração humilde e simples, pois somos apenas servidores da missão de Cristo.

Pe. Eliomar Ribeiro, SJ
Diretor Nacional da Rede Mundial de Oração do Papa

Viver a mansidão e a humildade ao modo de Jesus: uma hermenêutica de Mt 11,29

Ir. Aíla Luzia Pinheiro de Andrade, NJ[1]

O texto de Mateus 11, versículo 29 é bem conhecido e incentiva os seguidores de Jesus a aprender com ele a mansidão e a humildade: "Tomai sobre vós o meu jugo e aprendei de mim, porque sou manso e humilde de coração, e encontrareis descanso para vossas almas". O versículo não somente faz uma exortação a respeito de como os cristãos devem agir, mas, principalmente, sobre a natureza do coração do Mestre Jesus. Portanto, o termo "aprender" deve ser entendido como "configurar" a própria vida à vida de Jesus; em outras palavras, é viver como ele viveu, tendo seus sentimentos, pensamentos e modo de agir; é ser no mundo como Jesus é.

---

1. Religiosa pertencente ao Instituto Religioso Nova Jerusalém. É professora na pós-graduação em Teologia da Universidade Católica de Pernambuco.

1. A terminologia

Apesar de esse texto bíblico ser bem conhecido, tendo em vista o que foi dito acima, é necessário aprofundar cada termo do versículo. Por exemplo, a palavra **jugo**, que significado teria nesse contexto? Primeiramente, tem-se o conceito de "canga", algo que antigamente era colocado no pescoço dos bois para que pudessem puxar juntos, lado a lado, um moinho ou algo muito pesado. E, metaforicamente, pode significar submissão, obediência e dependência de uma autoridade. Será que é isto que Jesus quer dizer com esse termo? Que ele nos impõe um peso sobre os ombros? Não parece ser isso, porque, no versículo seguinte, Mateus 11,30, Jesus explicita: "Porque o meu jugo é suave e o meu fardo é leve".

O termo "jugo", no contexto desse versículo, refere-se ao conjunto dos ensinamentos de Jesus. E no idioma de Jesus, no contexto de seu ministério, o termo "jugo" representava a responsabilidade de estudar e seguir os preceitos da Torah[2] e as interpretações elaboradas pelos antigos mestres judeus. Falava-se de "jugo da Torah", como sendo o conjunto de ensinamentos que um mestre transmitia a seus discípulos a respeito das Sagradas Escrituras e da tradição de como interpretá-las (MITCHELL, 2016, p. 330). Nesse caso, o "jugo" podia ter conotações negativas e positivas, dependendo da rigidez ou

---

2. A Torah, especificamente, consiste nos primeiros cinco livros do Antigo Testamento, que conhecemos como Pentateuco, considerado pelo judaísmo antigo e atual como sendo a parte mais importante das Escrituras. Por extensão, às vezes, refere-se ao Antigo Testamento por inteiro.

maleabilidade do mestre. Em um contexto legalista, o jugo seria muito pesado para se carregar e, neste caso, seria o oposto da proposta de Jesus: suave e leve.

De um modo geral, os mestres judeus viam o estudo e a observância da Torah como um "jugo" no sentido de uma responsabilidade que o judeu fiel devia aceitar de bom grado. Eles também viam isso como um privilégio e uma fonte de sabedoria e realização espiritual (idem, p. 331). Ao assumir o "jugo da Torah", o judeu demonstraria sua devoção a Deus e seu desejo de alinhar sua vida com a vontade divina revelada nos mandamentos bíblicos e nos ensinamentos dos mestres.

Então, voltemos à imagem da canga sobre dois bois e à exortação de configurar a própria vida à vida de Jesus. Parece que a orientação "tomai sobre vós o meu jugo" significa, antes de tudo, compartilhar do mesmo sentimento, pensamento e estilo de vida de Jesus. É estar numa canga com Jesus, estar lado a lado, coração com coração. Isso é muito profundo, pois, no idioma de Jesus, a palavra aliança é o mesmo que casamento. E, no casamento, o esposo e a esposa são chamados de cônjuges, palavra que significa levar o jugo da existência juntos, estar debaixo da mesma canga, lado a lado, em tudo de bom e de ruim (idem, p. 335). Tomando sobre si o jugo de Jesus, assumimos seu estilo de vida. Estamos em aliança com ele. E, por causa disso, podemos aprender a ser como ele é. E o ser de Jesus é, integralmente, mansidão e humildade de coração.

Ao descrever a si mesmo como **manso**, Jesus não está se definindo como alguém acomodado, pois a mansidão significa uma força e um poder que estão sob controle do sujeito e, ao mesmo tempo, submetidos à vontade de Deus. Isso quer dizer que, apesar de sua natureza e poder divinos, Jesus voluntariamente assumiu a forma de servo (Fl 2,6-7) e esteve a serviço dos mais necessitados e sofredores. Em Jesus, a mansidão contrasta com orgulho, arrogância e autoafirmação. Nesse sentido, a mansidão é um aspecto fundamental da resistência não violenta.

Jesus não foi uma pessoa acomodada frente a um contexto de grande opressão, que era o império romano naquela época. Definir-se como manso significa que ele fez uma escolha deliberada de rejeitar o uso de poder, o uso da coerção ou violência, em favor de meios pacíficos para atingir seu objetivo, que era a instauração do Reino de Deus na Terra, a saber, tornar este mundo mais justo e fraterno, um lugar melhor para todos.

Nas bem-aventuranças, Jesus proclama que "os mansos herdarão a terra" (Mt 5,5). Isso significa que os mansos conseguem encontrar a verdadeira paz mesmo nas adversidades, sofrimentos e perseguições. E, renunciando a cometer qualquer ato de violência, conseguem verdadeiramente transformar indivíduos e sociedades. Ao cultivar a mansidão, indivíduos e comunidades podem trabalhar em prol de um mundo mais justo, pacífico e fraterno[3].

---

3. Figuras como Gandhi, Martin Luther King e Mandela demonstraram o poder transformador da resistência não violenta, utilizando táticas como a desobediência civil, boicotes e protestos pacíficos para desafiar sistemas opressores e promover a justiça social.

Ao definir-se como manso, Jesus também está se identificando como **humilde**. Sua humildade foi uma escolha deliberada de se identificar com os fracos e vulneráveis, de servir os outros em vez de exigir ser servido, e de se sacrificar pelo bem da humanidade. Isso contrasta com as tendências humanas de orgulho, autopromoção e busca de poder e *status*. Neste sentido é que a humildade em Jesus não significa apenas atos humildes em momentos pontuais, mas uma vida inteira caracterizada por essa virtude.

Os quatro Evangelhos destacam a humildade de Jesus ao longo de sua vida e ministério: ele nasceu em uma humilde manjedoura, e não em um palácio, como herdeiro real (Lc 2,7.12.16); passou grande parte de sua vida como carpinteiro (Mc 3,6), pertencendo à classe trabalhadora de sua época em vez de buscar poder e *status*; conviveu cotidianamente com os pobres e excluídos e não com as elites e os poderosos; submeteu-se a uma morte humilhante na cruz, forma de execução reservada aos malfeitores (Mc 15,28).

Portanto, como reflexo do modo de ser de Jesus, a humildade significa tornar-se solidário com aqueles que são mais vulneráveis, compartilhando a vida com eles, tendo como objetivo de vida defender a dignidade deles. É o oposto do orgulho e da arrogância de quem coloca seus próprios interesses acima de tudo.

Nesse ponto, o Evangelho de Mateus destaca o termo **coração**: Jesus é "manso e humilde de coração". O que significa isso? No Antigo Testamento e na religião judaica, o coração é entendido como sendo o centro do intelecto, a fonte do conhecimento ético e espiritual, é onde a sabedoria, a compreensão e o conhecimento estão alojados.

O coração é a sede da vontade, dos anseios, dos pensamentos e das motivações humanas; é o núcleo do ser, é onde reside a presença de Deus. Sendo assim, é o lugar da tomada de decisões, é onde as pessoas fazem escolhas sobre suas ações e compromissos. É enraizado nessa compreensão a respeito do coração humano, que Mateus escreve que Jesus é manso e humilde de coração. É a partir do coração que Jesus faz suas escolhas, toma suas decisões, de ser manso e humilde (KOHLER, SCHANFARBER, 2021).

2. Aprender de Jesus: discipulado no Evangelho de Mateus

No Evangelho de Mateus, em contraste com os escribas e fariseus, Jesus é retratado como um mestre que ensina com autoridade e os seus ensinamentos muitas vezes desafiam e confrontam o sistema religioso do seu tempo. A autoridade com a qual Jesus ensinava devia-se à sua comunhão com o Pai e não ao embasamento nas tradições e interpretações de várias gerações de doutores da Lei, nem na exigência de cumprimento de regras rígidas, como era comum no sistema religioso de sua época. Além disso, Jesus desejava colocar seus discípulos e discípulas dentro da mesma comunhão que ele tinha com o Pai, despertando-os para um relacionamento pessoal e íntimo com Deus e com as pessoas, na gratuidade, no amor, na compaixão e no perdão, indo além das interpretações legalistas da Torah nas quais os mestres judeus se concentravam.

Além dessas diferenças relacionadas aos ensinamentos, a forma como Jesus escolhia seus discípulos era diferente da dos mestres seus contemporâneos. Os rabinos daquela época, como Hillel e Shammai, normalmente selecionavam os seus discípulos entre os estudantes mais promissores. Eles examinavam e testavam cuidadosamente os discípulos em potencial para garantir que estes atendiam aos altos padrões exigidos para serem alunos de um rabino. Os rabinos procuravam indivíduos que demonstrassem intelecto aguçado, diligência no estudo e um forte compromisso com as tradições judaicas. O papel do discípulo de um rabino era uma posição estimada e exigente, pois adquiria um importante *status* social. Os rabinos esperavam que seus discípulos demonstrassem conhecimento, dedicação e caráter moral excepcionais (LEVINE, 1989, p. 59-60).

Em contraste com isso, Jesus não chamou os seus discípulos com base no *status* social deles. Mas escolheu um grupo diversificado de pessoas comuns, incluindo mulheres, pescadores, cobradores de impostos e outros indivíduos da classe trabalhadora. Jesus viu potencial nesses indivíduos e os chamou para segui-lo. Jesus não estava interessado em *status* ou linhagem, mas no caráter e na fé de seus seguidores. Ele procurou aqueles que estavam dispostos a deixar tudo e se comprometer totalmente com o Reino de Deus.

Por isso, Jesus convida, ainda hoje, seus/suas seguidores/as a "aprender" dele, o que implica um processo ativo e contínuo de discipulado. Seus seguidores e seguidoras são convocados a se comprometer totalmente com ele e com sua missão (Mt 4,18-22; 9,9). Os discípulos e as discípulas são chamados a seguir de todo o coração os mandamentos e ensinamentos de Jesus, e não apenas a ouvi-los (Mt 7,24-27; 28,20). Dessa forma é que os ensinamentos de Jesus são profundamente transformadores da pessoa humana.

À medida que o/a discípulo/a aprende com Jesus, assume o caráter do mestre, as prioridades e modo de viver dele, tornando-se mais parecido/a com ele. No Evangelho de Mateus, o verdadeiro discipulado não é apenas um seguimento casual de Jesus, mas um compromisso radical e duradouro com ele e com o seu Reino. Requer total abnegação e entrega para ser totalmente transformado à imagem de Cristo. E é no coração de cada pessoa convocada ao seguimento que se dá esse discernimento e decisão.

Mas, ao longo da jornada da vida, o coração de quem é convocado pode tornar-se endurecido ou teimoso, levando ao afastamento daquele "sim" inicial. Por isso, é importante guardar o coração dócil à ação divina. E aqui há um eco da exortação de Jesus para a mansidão e humildade, o convite para que seus seguidores/as também se deixem conduzir por Deus e confiem na força dele e não nas próprias capacidades. A mansidão é um traço de caráter vital para a vida cristã, pois nos permite receber a graça e a sabedoria de Deus e estender essa graça e gentileza aos outros.

A mansidão e humildade significam um reconhecimento das próprias limitações e da necessidade de orientação divina. Indivíduos mansos e humildes são aqueles que são capazes de controlar seus próprios instintos e impulsos e que estão dispostos a submeter-se à sabedoria e autoridade de um Pai bondoso.

3. Descanso para a alma: exigência e libertação

A motivação dada por Jesus a que seus seguidores recebam o jugo e o fardo de ser manso e humilde é que o seu jugo é suave e seu fardo é leve (Mt 11,30). Isso significa que viver a fé cristã é algo *light*, sem exigências e compromissos? Então, por que Jesus diria "Se alguém quer vir após mim, negue a si mesmo, tome a sua cruz e siga-me" (Mt 16,24)? Ou que seus seguidores devem estar dispostos a perder a própria vida por causa dele (Mt 16,25)? Isso não parece ser algo fácil.

A expressão "fardo leve" é bem paradoxal, como tudo que se relaciona ao Reino de Deus e ao Evangelho. Na verdade, o cristianismo é uma das religiões mais exigentes que existem. Nenhuma outra religião exige o amor aos inimigos na dimensão que Jesus coloca isso para quem deseja segui-lo (Mt 5,44). Mas essa grande exigência torna o fardo leve porque não há nada mais pesado para o ser humano carregar que o ódio. Trata-se uma exigência que realiza uma profunda libertação.

A expressão "encontrareis descanso para as vossas almas" (Mt 11,29b) é um convite de Jesus aos cansados e sobrecarregados pelos fardos que a vida, a religião, o contexto histórico etc. lhes impõem. Refere-se à paz, ao conforto e ao alívio que advêm da confiança em Cristo, mesmo que a situação exija o martírio.

No idioma de Jesus, a palavra para "alma" é *néphesh* e se refere ao ser vivo por inteiro – o corpo físico e a força vital ou espírito animador. Não é uma entidade separada e imortal, mas sim a pessoa entendida de forma holística, ou seja, por inteiro. Portanto, a melhor tradução é "vida" ou "ser vivo" (KOHLER, BROYDÉ, BLAU, 2021).

Néphesh está intimamente ligada ao corpo físico, aos sentidos, não a uma entidade espiritual separada. Nos textos bíblicos, a pessoa é uma unidade de várias dimensões: corpo, espírito, força vital, sentimentos etc., não a partir de um dualismo de corpo e alma (PLEIJEL, 2019, p. 154-166).

Sendo assim, as pressões e fardos que a vida traz deixariam *néphesh* exaurida e ela precisaria se refazer. É isto que Jesus promete. Seu jugo suave e fardo leve, da mansidão e da humildade, trazem um alívio para o ser humano em sua integralidade.

Considerações finais

O imperativo para "tomar sobre si o jugo de Jesus" é mais bem compreendido a partir da metáfora do jugo compartilhado por dois bois, simbolizando o alinhamento da vida do fiel com a de Jesus, refletindo pensamentos e sentimentos, enfim, sua maneira de viver. Isto é consequência de estar em aliança com Jesus, em outras palavras, significa estar lado a lado com ele, carregando a mesma canga.

O termo "jugo" também tem paralelos com o estudo da Torah e a observância de mandamentos e preceitos como uma responsabilidade aceita voluntariamente pelos discípulos dos mestres de Israel.

O jugo/fardo de Jesus que o discípulo/a deve levar é a mansidão e a humildade do mestre. O fato de Jesus ser descrito como "manso e humilde de coração" está associado ao significado de "coração" como o centro intelectual e ético no Antigo Testamento e na religião judaica; como sede da sabedoria, da compreensão, do discernimento e da tomada de decisões. É de grande importância aprender com Jesus a ter coração manso e humilde, pois o compromisso com o Reino de Deus e o Evangelho partem do coração, como demonstrado pelas escolhas de Jesus que o levaram à cruz.

Mas, além dessas características, para alguém ser discípulo (aprender) de Jesus, há também, no final do Evangelho de Mateus, um mandato para fazer discípulos (28,19) do mestre que é manso e humilde de coração. Especificamente, fazer discípulos de Jesus "ensinando-os a guardar todas as coisas" que foram ordenadas aos primeiros discípulos (28,20). Então, a comunidade cristã é um espaço educativo, passa a ser um lugar onde se aprende a mansidão e a humildade, onde se educa para a não violência, para a fraternidade; enfim, onde se constrói o Reino de Deus.

E a edificação do Reino de Deus neste mundo implica em criaturas renovadas e em um novo tipo de sociedade, na qual a mansidão e a violência são o coração da organização social. Sendo assim, a configuração da própria vida à vida de Jesus, ou seja, ter o próprio coração batendo no mesmo compasso do Coração de Jesus, não é simplesmente uma devoção, traz consequências políticas.

Mas dimensão política entendida como consequência da presença do Reino de Deus neste mundo, fomentando relações humanas justas e fraternas, baseadas no amor, no perdão, na acolhida do outro em atitude de mansidão e de humildade. E não como um instrumento de afirmação e legitimação do poder temporal da Igreja, como a própria história da devoção ao sagrado coração testemunha.

É sabido que no processo histórico em que surgiu a devoção ao Sagrado Coração de Jesus, esta adquiriu ao longo dos séculos um forte valor político, desde que o culto ao Sagrado Coração ficou intimamente ligado à luta contra a Reforma protestante, sendo promovido como símbolo da ortodoxia católica e da obediência ao Papa; e quando, no século XIX, essa devoção tornou-se um poderoso instrumento de reafirmação da autoridade da Igreja num período de grandes transformações sociais e políticas (MENOZZI, 2001).

Não é esse tipo de dimensão política proposta pela reflexão que esse trecho bíblico nos indica, mesmo porque um poder temporal para a Igreja não condiz com humildade e mansidão propostas por Jesus. A verdadeira dimensão política decorrente de uma transformação radical de vida acontece quando o coração da sociedade está no mesmo compasso que o Coração de Jesus.

Referências bibliográficas

BÍBLIA. *A Bíblia de Jerusalém*. Nova edição revista e ampliada. São Paulo: Paulus, 2002.

HEART. *In*: KOHLER, Kaufmann; SCHANFARBER, Tobias. *Jewish Encyclopedia* online. Disponível em https://www.jewishencyclopedia.com/articles/7436-heart. Acessado em 20/06/2024.

LEVINE, Lee I. *The Rabbinic Class of Roman Palestine in Late Antiquity*. Jerusalem and New York: Yad Izhak Bem Zvi & Jewish Theological Seminary, 1989.

MENOZZI, Daniele. *Sacro Cuore*: un culto tra devozione interiore e restaurazione cristiana della società. Roma: Viella, 2001.

MITCHELL, Matthew W. The Yoke Is Easy, but What of Its Meaning? A Methodological Reflection Masquerading as a Philological Discussion of Matthew 11:30. *Journal of Biblical Literature*, vol. 135, n. 2, 2016, p. 321-340. Disponível em http://www.jstor.org/stable/10.15699/jbl.1352.2016.3087. Acessado em 20/06/2024.

PLEIJEL, Richard. Translating the Biblical Hebrew Word Nephesh in Light of New Research. *The Bible Translator*, vol. 70, n. 2, 2019, p. 154-166.

SOUL. *In*: KOHLER, Kaufmann; BROYDÉ, Isaac; BLAU, Ludwig. *Jewish Encyclopedia* online. Disponível em https://jewishencyclopedia.com/articles/12340-preexistence-of-the-soul. Acessado em 20/06/2024.

Conhecer intimamente a Cristo para buscar, encontrar, amar e oferecer a vida a Deus

Pe. António de Magalhães Sant'Ana, SJ[1]

Foi-me feita a proposta de apresentar um tema que liga esta obra da Santa Sé, o Apostolado da Oração (Rede Mundial de Oração do Papa), à espiritualidade inaciana: o conhecimento interno de Cristo para buscar, encontrar, amar e oferecer a vida a Deus. Dito de outra forma, em jeito de pergunta, como é que a espiritualidade inaciana, presente nos *Exercícios Espirituais*, pode ajudar os membros da Rede Mundial de Oração do Papa e os demais fiéis a viverem mais próximos da dinâmica da Trindade no oferecimento da sua vida?

Para começar, é importante compreender que, para Santo Inácio de Loyola, a encarnação é o evento central do seguimento de Cristo. Não nos relacionamos com um Deus distante, mas próximo, que envia o Filho para redimir o ser humano. Cristo é a coordenada do nosso caminhar, é para Ele que tudo se redireciona. É "a porta" (Jo 10,9) que nos conduz

---

1. É jesuíta, Licenciado em Engenharia Agrícola e Mestre em Teologia e Ciências Patrísticas pelo Instituto Patrístico Augustinianum de Roma. Desde setembro de 2022 é o Diretor Nacional da Rede Mundial de Oração do Papa (Portugal) e, desde 2024, Coordenador Europeu.

ao coração da Santíssima Trindade, é "o Caminho, a Verdade e a Vida" e ninguém vai ao Pai senão por Ele (Jo 14,6). Por isso, os *Exercícios Espirituais* centram o exercitante em Cristo.

Estando o Apostolado da Oração intimamente ligado à Companhia de Jesus, tem em si a marca desta centralidade de Cristo. As intenções mensais de oração que nos mobilizam na oração e na compaixão pelo mundo são expressão do amor que Cristo tem pela humanidade sofredora. Nesta Rede de Oração fazemos do oferecimento quotidiano da nossa vida uma forma de disponibilidade para colaborarmos na missão de Cristo Ressuscitado, que continua a encarnar em todas as situações da vida.

Seja em quem faz a experiência dos *Exercícios Espirituais* de Santo Inácio, seja em quem percorre o itinerário espiritual da Rede Mundial de Oração do Papa, "O Caminho do Coração", respondemos ao chamamento do Reino que nos faz apóstolos do Coração de Jesus no coração do mundo.

1. A descoberta da centralidade de Cristo como porta para Deus

Não podemos pensar na espiritualidade inaciana sem falarmos na vida de Santo Inácio de Loyola, fundador da Companhia de Jesus e autor dos *Exercícios Espirituais*. A marca que deixa nas obras associadas a esta Ordem Religiosa, na qual se inclui também o Apostolado da Oração (agora denominado Rede Mundial de Oração do Papa), que a ela foi confiada há 180 anos, é inegável.

É importante começar por dizer que a vida espiritual, mística e trinitária de Santo Inácio parte de uma inspiração que resulta da iniciativa divina. A sua *Autobiografia* inicia com um episódio central, a batalha de Pamplona. Com esse acontecimento, ocorrido no dia 20 de maio de 1521, curiosamente uma segunda-feira de Pentecostes, dá-se o início de uma nova etapa na vida desse homem, que começa a "ver novas todas as coisas em Cristo"[2]. O jovem cavaleiro, obstinado e audaz, quando persistia em defender as muralhas de Pamplona, não imaginava como Deus estava prestes a manifestar-se num acontecimento que, aparentemente, seria apenas marcado pelo fracasso e pela derrota, mas que trazia nas entrelinhas uma viragem na sua vida. Vencido, o jovem Íñigo regressa a Loyola, à casa de família, para se curar. Sabemos, pela sua *Autobiografia*, que a recuperação será lenta e dolorosa, entre a teimosia em repetir a operação à perna, para torná-la mais bonita, e a leitura de livros devotos que lhe inflamavam a alma de santidade.

Sem se dar conta, este tempo de convalescença acaba por ser como uma via purgativa da Primeira Semana da dinâmica dos *Exercícios Espirituais*. Quando percebe o movimento interior que acontece dentro de si, enquanto sujeito à ação do Espírito Santo e do "espírito tentador", Inácio torna-se um homem novo, iniciando um percurso que o levará a abandonar o homem velho da sua vida passada (cf. Ef 4,17.20-24). A leitura

---

2. Tema do Ano Inaciano, que decorreu de 20 de maio de 2020 até 31 de julho de 2021.

das dinâmicas interiores que reorientam a sua vida para Cristo abrem-no a novos horizontes. A partir daqui,

> reconhece-se um pecador, um pecador salvo por Cristo. E agradece a Deus pela sua mudança e pela sua nova vida. A novidade – como para todos os convertidos – é, acima de tudo, Jesus Cristo. [...] Esta é a diferença entre o antes e o depois. A novidade do Senhor é decisiva, é ela que vai decidir o seu futuro. Estar com Ele, conhecê-Lo, amá-Lo e segui-Lo é o que o faz perceber que já não é o mesmo, e que essa novidade vale a pena [...]. Íñigo deixa-se então conduzir por Deus, o que fará com que o jovem basco já não queira ser o protagonista do seu futuro, nem procure a sua própria glória, mas deixe Deus falar, como fará admiravelmente ao escrever o livro dos *Exercícios Espirituais*, um manual de encontro com Deus no qual o seu abnegado autor permanece em segundo plano[3].

Podemos dizer que é Deus que vem ao encontro de Santo Inácio na experiência da convalescença na casa de Loyola, depois de ser ferido numa perna nas muralhas de Pamplona. Deus é o protagonista e Santo Inácio vai deixar-se guiar pelo Mestre adotando o modo de proceder de Cristo pobre e humilde. Desde o momento da conversão, começa um caminho novo, um percurso que podemos assemelhar ao *Caminho do Coração*, o itinerário espiritual da Rede Mundial de Oração do Papa. Não será sempre um percurso linear, óbvio e fácil,

---

3. Sosa, Pe. Arturo SJ, *Homilia da inauguração do ano inaciano*, Pamplona, 20 de maio 2020.

mas é um caminho que terá como fundamento o "conhecimento interno do Senhor que, por mim, se fez homem, para que mais o ame e o siga"[4].

Ao longo da vida, Santo Inácio será visitado pela Trindade, que lhe mostra o caminho a seguir para "se vencer a si mesmo e ordenar a sua vida sem se determinar por afeição alguma que seja desordenada"[5], tornando-se pronto e diligente em cumprir a santíssima vontade de nosso Senhor Jesus Cristo[6]. Podemos dizer que a conversão de Íñigo em Inácio é uma mudança de atitude, de "vagabundo espiritual" em "itinerante no Espírito", como nos propõe a introdução de *O Caminho do Coração*[7], um movimento interior que acontece fruto do conhecimento interno de Jesus. O jovem nobre de Loyola, centrado nas suas ideias de cavalaria e de uma carreira militar, um "vagabundo" de relações pouco duradouras, para quem a realidade da fé é apenas uma dimensão "espiritualista" que justifica uma vida egocêntrica, vai converter-se num "itinerante do Espírito", empenhado em transformar a realidade, encontrando Deus em todas as coisas e atendendo às necessidades dos outros. Disposto a renunciar aos seus próprios critérios de

---

4. Terceiro preâmbulo da meditação da Encarnação [*Exercícios Espirituais* 104].

5. *Exercícios Espirituais* 22.

6. Cf. *Exercícios Espirituais* 91.

7. Este parágrafo faz eco do capítulo "Como discernir se o nosso caminhar é de itinerantes ou de vagabundos? Como saber se a nossa itinerância acontece por ação do Espírito de Deus?" de *O Caminho do Coração*, Introdução II. Disposição inicial.

vida pessoal, vai lançar uma nova Ordem Religiosa, que em poucos anos estará na América, na África, na Índia, na China e no Japão, como uma grande rede de evangelização.

A conversão de Santo Inácio e os primeiros meses da sua vida depois da batalha de Pamplona são, assim, um tempo de uma experiência do amor de Deus a partir de Jesus Cristo. Frágil, doente e derrotado, Santo Inácio experimenta a força da cura e da vitória de Deus Trinitário na sua vida. É também por aqui que entramos nos primeiros passos do "Caminho do Coração"[8]: Deus ama-nos, mas não de uma maneira geral; ama-nos de uma forma concreta e pessoal, mesmo sabendo que somos humanos e limitados. Este Amor é impossível de exprimir, mesmo com a mais bela palavra; é o encontro de Deus conosco através do seu Filho Jesus Cristo, que encarna para nos amar de forma concreta, simultaneamente humana e divina, a ponto de morrer por nós. É um enamoramento, como vemos na vida de Santo Inácio. Se estava habituado a ler livros de romances e de cavalaria, quando descobre a vida de Cristo e dos Santos faz a experiência de um encontro com Deus que o abre a um novo mundo. Tudo passa a ser relativo a este absoluto, que é Cristo, o seu Princípio e Fundamento[9]. A realidade toma o seu lugar de meio para este fim.

Na Rede Mundial de Oração do Papa, o oferecimento das obras do dia, as intenções mensais de oração com as respectivas

---

8. Cf. *O Caminho do Coração*, Passo 1. No Princípio, o Amor; Passo 2. O coração humano inquieto e necessitado.

9. Cf. *Exercícios Espirituais* 23.

atitudes, a devoção das primeiras sextas-feiras e as demais formas de viver a espiritualidade do Coração de Jesus, características do Apostolado da Oração, são meios. Tudo aponta para Cristo e para a fraternidade que constrói a Igreja.

A conversão, que envolve a ruptura com o pecado, é então uma viragem em direção a Deus e ao próximo, numa transformação do coração, de mentalidades e atitudes. Refeita a relação e purificada a liberdade, renova-se a vida a partir de dentro. O princípio e fundamento da vida torna-se assente no amor e na misericórdia de Deus e na aceitação humilde de si próprio como é, com a sua história de pecado. O fruto da meditação do pecado é a experiência do perdão como abertura à graça de Deus.

No primeiro passo introdutório de "O Caminho do Coração", damo-nos conta de que o tempo presente pede que estejamos atentos e despertos para entendermos os movimentos de Deus e os sinais dos tempos nas fragilidades da existência humana. Para oferecermos aos homens e às mulheres de hoje uma alternativa valiosa de vivência da sua fé, temos de começar por reconhecer que somos criaturas e não o Criador. Este é o passo para uma forma de viver que dê resposta aos grandes desafios da humanidade e da Igreja, como propõe mensalmente o Papa mediante as suas intenções[10]. De certa forma, é isto que acontece com Santo Inácio no tempo da sua conversão em Loyola e de elaboração dos *Exercícios Espirituais*

---

10. Cf. *O Caminho do Coração*, Introdução I. Rezar e mobilizar as nossas vidas.

em Manresa. A relação pessoal e afetiva que vai estabelecer com Jesus, o Filho de Deus encarnado, enviado pelo Pai para redimir a humanidade[11], faz brotar a atitude interior de disponibilidade para oferecer a vida a Deus.

2. Responder à chamada do Rei eterno para servir a Igreja

Dá-se a entrada na Segunda Semana dos *Exercícios Espirituais*, a grande Semana do discernimento, da eleição ou da reforma do estado de vida. Santo Inácio propõe a parábola do "Chamamento do Rei Temporal"[12], uma meditação-chave para entrar na contemplação da vida de Cristo a partir dos Evangelhos, que tem como objetivo receber a "graça de não ser surdo ao seu chamamento, mas pronto e diligente em cumprir a sua santíssima vontade". Para Santo Inácio, a adesão ao projeto de Deus tem um forte caráter afetivo, pois é feito por Alguém – Jesus Cristo, o Rei eterno – que chama a uma relação pessoal e que oferece o melhor de si mesmo. É como um rei que convoca toda a gente para participar no seu empreendimento de conquistar a terra inteira para um reino novo onde todos participam, seja qual for a cultura, o país, a instrução acadêmica, as suas aptidões.

---

11. Cf. *Exercícios Espirituais* 102.
12. *Exercícios Espirituais* 91-95.

Depois da conversão na casa de Loyola, Santo Inácio faz-se um peregrino[13]. Quando chega a Manresa, leva na sua bagagem espiritual a decisão de uma mudança radical de vida, como uma grande ânsia em orientar a sua nova vida para Deus. Aí chegado, vai passar por várias etapas, percorrendo em exercícios da alma, que chamamos "espirituais", um caminho para entrar no Coração de Jesus.

Num primeiro momento da permanência em Manresa, temos um Santo Inácio voluntarista, capaz de grandes penitências, vigílias, desleixo no vestir e no cuidar de si, enquanto procura ler o seu passado e reconciliá-lo com Deus. A ajuda dos padres de Montserrate, onde fará a sua confissão geral de vida, é preciosa. Por ela, entra num outro momento de vida, de maior desolação, tentação, escrúpulos e turbulência interior que quase o leva ao suicídio. Curiosamente, é nestas "grandes variações na sua alma"[14] que se descobre um mestre na arte do discernimento. Adquirida a paz interior, segue-se, por fim, um tempo de aprendizagem em que "Deus o tratava como um mestre-escola trata uma criança, ensinando-o"[15]. Surge, então, a devoção à Santíssima Trindade:

> Tinha muita devoção à Santíssima Trindade, e por isso fazia todos os dias oração às três Pessoas separadamente; fazendo também outra conjuntamente à Santíssima Trin-

---

13. A imagem é do próprio Inácio, que assim de refere a si mesmo na *Autobiografia* como 'peregrino'.
14. *Autobiografia* 21.
15. *Autobiografia* 27.

dade, vinha-lhe o pensamento de como é que fazia quatro orações à Trindade. Mas este pensamento dava-lhe pouco ou nenhum trabalho, como coisa de pouca importância. E estando um dia a rezar, junto à escadaria do mosteiro, as Horas de Nossa Senhora, começou a elevar-se-lhe o pensamento, como se visse a Trindade em figura de três teclas, e isto com tantas lágrimas e soluços que não se podia conter.

E indo naquela manhã numa procissão que saía dali, nunca pôde reter as lágrimas até à hora de comer, nem depois de comer podia deixar de falar senão na Santíssima Trindade. E isso com muitas comparações e muito diversas, e com muito gozo e consolação, de tal modo que em toda a sua vida lhe ficou esta impressão de sentir grande devoção ao fazer oração à Santíssima Trindade[16].

Um acontecimento-chave vivido em Manresa ajuda a perceber esta devoção à Santíssima Trindade: a "visão do Cardoner". Diz Santo Inácio na *Autobiografia* que

> sentou-se um pouco, virado para o rio que corria fundo. E estando ali sentado, começaram a abrir-se-lhe os olhos do entendimento; e não que visse alguma visão, senão entendendo e conhecendo muitas coisas, tanto de coisas espirituais, como de coisas da fé e das letras [...] de tal modo que em todo o decurso da sua vida, até aos sessenta e dois anos, coligindo todas as ajudas recebidas de Deus, e todas as coisas que soube, ainda que as junte

---

16. *Autobiografia* 28.

todas, não lhe parece ter alcançado tanto como daquela só vez[17].

O episódio descrito é uma verdadeira teofania na vida de Santo Inácio[18]. A sua espiritualidade, até então mais individualista e penitencial, orienta-se numa direção oposta, progressivamente grupal, apostólica e "cristocêntrica". Esta iluminação interior de contexto trinitário, que Santo Inácio faz junto ao rio Cardoner, é perceptível nos *Exercícios Espirituais*, seja no Princípio e Fundamento, seja na transição da Primeira para a Segunda Semana, nomeadamente no mistério da Encarnação. Diz o Padre Pedro Arrupe que "se a Companhia de Jesus não é outra coisa que uma versão institucionalizada dos Exercícios [...] é na luz trinitária de Manresa onde se deve reconhecer o primeiro reflexo que prefigura a sua existência"[19].

Santo Inácio sai de Manresa ordenado nos seus afetos e disponível para fazer somente o que Deus espera dele. A resposta à "chamada do Rei temporal", com que se abre a Segunda Semana dos *Exercícios Espirituais*, suscita no exercitante, como o fez em Santo Inácio, o carácter ativo do seguimento na plena adesão a Cristo. De forma implícita está aqui a iluminação da Trindade, num Rei eterno que convoca toda a gente

---

17. *Autobiografia* 30.

18. O argumento aqui apresentado tem por base uma conferência do Pe. Pedro Arrupe intitulada "Inspiração trinitária do carisma inaciano", pronunciada no ato de encerramento do "Curso Inaciano" do Centro de Espiritualidade, Roma, no dia 8 de fevereiro de 1980 (cf. *Jesuítas para os nosso tempo, cartas e conferências*, Editorial AO, Braga 1981, p. 201-268).

19. ARRUPE, PE. PEDRO. *op. cit.* p. 214.

a conquistar todo o mundo para entrar na glória do Pai[20]. A chamada do Rei, à qual Santo Inácio adere, abre-o à comunidade apostólica como uma forma de plenitude da sua vocação ao serviço da Igreja.

Assim é também o percurso que se faz no "Caminho do Coração". Partindo de um olhar interior, este itinerário insere-nos numa rede de milhares de pessoas mobilizadas para a missão de compaixão pelo mundo através das intenções de oração do Papa. A resposta à chamada de Jesus envolve-nos no coração da Trindade a partir do modo de proceder do Coração de Jesus.

3. Uma contemplação que leva à ação

Anos mais tarde, a caminho de Roma, vindo de Veneza, Santo Inácio terá uma outra experiência, em La Storta, a poucos quilômetros da capital italiana, que confirma a iluminação do Cardoner, em Manresa. É o próprio que a relata: "E estando um dia, a algumas milhas antes de chegar a Roma, numa igreja, fazendo oração, sentiu tal mudança na sua alma, e viu tão claramente que Deus Pai o punha com Cristo, seu Filho, que não lhe seria possível duvidar disto, senão que Deus Pai o punha com seu Filho"[21].

Comenta o Padre Arrupe que "o significado profundo desta iluminação é sumamente claro: as pessoas divinas

---
20. Cf. *Exercícios Espirituais* 95.
21. *Autobiografia* 96.

aceitam-no para Seu serviço"²². De certa forma, La Storta confirma o percurso de adesão a Cristo que foi fazendo desde que esteve em Manresa. Aqui, o protagonista é o Pai, que o coloca com o Filho e lhe promete ser propício em Roma.

Na versão de Afonso Laínez, um dos primeiros companheiros de Santo Inácio, que presenciou e recordou esse episódio nas suas memórias, Cristo carrega a cruz às costas. A dimensão da cruz, como se medita na Terceira Semana dos *Exercícios Espirituais*, é essencial para amar e oferecer a vida a Deus no seguimento de Cristo sem condições, na pobreza e na humildade. Estamos na lógica do amor e não do temor.

Ao longo dos *Exercícios Espirituais*, a presença da Santíssima Trindade também confirma a oração. Podemos atestá-lo pelos Colóquios²³ com que finaliza cada oração. Santo Inácio

---

22. ARRUPE, PE. PEDRO. *op. cit.* p. 226.

23. Exemplos de colóquios nos *Exercícios Espirituais*: "O colóquio faz-se, propriamente, falando, assim como um amigo fala a outro ou um servo a seu senhor: ora pedindo alguma graça, ora confessando-se culpado por algum mal feito, ora comunicando as suas coisas e querendo conselho nelas. E dizer um Pai-Nosso" [*Exercícios Espirituais* 54]; "Ao fim, se há-de fazer um colóquio, pensando o que devo dizer às três Pessoas divinas ou ao Verbo eterno encarnado, ou à Mãe e Senhora nossa, pedindo, conforme em si sentir, para mais seguir e imitar a nosso Senhor, assim recém-encarnado, dizendo um Pai-nosso" [*Exercícios Espirituais* 109]; "Um colóquio a nossa Senhora para que me alcance graça de seu Filho e Senhor, para que eu seja recebido debaixo de sua bandeira, e primeiro em suma pobreza espiritual, e, se sua divina majestade for servido e me quiser escolher e receber, não menos na pobreza atual; segundo, em passar opróbrios e injúrias, para mais nelas o imitar, contanto que as possa passar sem pecado de nenhuma pessoa nem desprazer de sua divina majestade; e, depois disto, uma Ave-Maria. Segundo colóquio. Pedir o mesmo ao Filho, para que mo alcance do Pai; e, depois dis-

quer que o exercitante comente a matéria rezada, assim como um amigo fala a outro amigo em quem confia. Este comentário pode ser feito com Deus Pai, com Maria ou com Jesus sobre o que mais chamou a atenção na oração. É muito importante fazer o colóquio ao concluir a oração, uma vez que este momento final já não é um tempo de meditação, mas de deixar falar o coração. Sendo os *Exercícios Espirituais* um caminho de mudança interior, orientado para Cristo, só se muda o que se sente e se gosta. Por isso, no final de cada oração, dialoga-se sobre o que mais interpelou e moveu o afeto, dirigindo-se a Deus Pai, ao Filho Jesus ou a Maria. Estamos diante de uma breve conversa final em silêncio com Deus, mais afetiva que racional, de coração a coração, de onde brota o propósito de mudança que gera frutos na vida real.

Nos colóquios (como em todo o texto dos *Exercícios Espirituais*) não se fala do Espírito Santo por várias razões. Não faz Ele parte da Santíssima Trindade? Primeiro porque é Ele quem subjaz a toda a experiência, é o protagonista dos *Exercícios Espirituais*, quem atua na oração e inspira bons propósitos do exercitante, sobretudo através da Palavra de Deus meditada e contemplada. Depois, porque no tempo de Santo Inácio falar do Espírito Santo podia conotá-lo com os *Alumbrados*[24], e a sua experiência de vida fê-lo ver que não era prudente

---

to, dizer Alma de Cristo. Terceiro colóquio. Pedir o mesmo ao Pai, para que ele mo conceda; e dizer um Pai-nosso" [*Exercícios Espirituais* 147].

24. No ambiente religioso espanhol do século XVI, os *Alumbrados* eram uma seita com doutrinas heréticas, perseguida pela Inquisição.

acentuá-lo demasiado nas dinâmicas da vida espiritual. Mas sabemos que o Espírito Santo conduzia Santo Inácio e, como dizia Jerónimo Nadal, o secretário de Santo Inácio: "Inácio seguia o Espírito e não se adiantava a Ele, deixando-se conduzir com suavidade onde não sabia"[25].

De qualquer forma, o que é importante é referir que existe um dinamismo na vida do Espírito: à medida que se conhece mais intimamente Jesus Cristo, nasce o desejo de o buscar, de o encontrar, de mais o amar e de oferecer a vida ao projeto que Deus tem pensado para cada ser humano. É para aqui que caminham os *Exercícios Espirituais* com a chegada à Quarta Semana, na qual Cristo Ressuscitado vem com o ofício de consolar[26]. A experiência dos *Exercícios Espirituais* termina com a Contemplação para Alcançar Amor, pedindo como graça "o conhecimento interno de tanto bem recebido, para que eu, reconhecendo-o inteiramente, possa, em tudo, amar e servir a sua divina majestade"[27].

A espiritualidade inaciana propõe uma contemplação que leva à ação. Vemos isto na vida de Santo Inácio: o conhecimento íntimo de Cristo pobre e humilde gera nele um seguimento de Cristo em humildade ao serviço da fé e da justiça. É um movimento de saída ao encontro das realidades do mundo onde Deus se faz presente. Estamos diante de uma oração prática, que impulsiona o serviço. "A espiritualidade inaciana

---

25. Nadal, *Diálogos*, n. 17 (*apud* ARRUPE, PE. PEDRO, *op. cit.* p. 228).
26. Cf. *Exercícios Espirituais* 224.
27. *Exercícios Espirituais* 233.

é um conjunto de forças motoras que levam ao mesmo tempo a Deus e aos homens. É a participação na missão do enviado do Pai no Espírito, por meio do serviço sempre em superação, por amor, com todas as variantes da cruz, à imitação em seguimento desse Jesus que quer reconduzir todos os homens e toda a criação à glória do Pai"[28].

Tudo isto vai colocar Santo Inácio e os primeiros companheiros ao serviço da Igreja através da disponibilidade para com o Papa, o Vigário de Cristo. Da mesma forma, o Apostolado da Oração (a Rede Mundial de Oração do Papa) tem-se disponibilizado, ao longo destes 180 anos de existência, para ir ao encontro das intenções que o Papa confia à Igreja através da oração e da ação.

4. Oferecimento das obras do dia

O conhecimento de Cristo leva, como vimos em Santo Inácio, a buscar e encontrar a Deus para mais o amar e oferecer a vida por Ele. A forma de se pôr em movimento e em disponibilidade para o serviço do Apostolado da Oração é a oração de *Oferecimento das obras do dia*. É uma oração que nos leva à ação.

Ao fazer-se logo pela manhã, ao começar o dia, gera uma reta intenção de disponibilidade para a missão ao serviço da Igreja. Mediante uma oração de oferecimento, dizemos a

---

28. ARRUPE, PE. PEDRO, *op. cit.* p. 249.

Jesus: "Aqui estou! Podes contar comigo!"²⁹. Oferecer-se, cada manhã, para o serviço de Cristo significa acolher com gratidão o dom gratuito do amor de Deus, respondendo a esse amor colocando-se ao serviço do Reino, apesar das incoerências, limites e fragilidades da vida. Mediante tal oferecimento, entra-se numa existência eucarística, numa vida entregue ao serviço do Senhor e dos outros, ao serviço da Igreja no mundo. Este oferecimento faz-nos participar ativamente no propósito de amor de Deus pela humanidade.

O Apostolado da Oração no Brasil tem uma oração mais clássica, em que se faz referência à dimensão reparadora. Com a recriação da Rede Mundial de Oração do Papa, foi aprovada uma nova oração oficial, que coloca o acento na missão de compaixão pelo mundo, outro modo de falar de reparação.

A fórmula clássica começa assim:

> *Deus nosso Pai, eu te ofereço todo o dia de hoje:*
> *minhas orações e obras,*
> *meus pensamentos e palavras,*
> *minhas alegrias e sofrimentos,*
> *em reparação de nossas ofensas*
> *em união com o Coração de teu Filho, Jesus,*
> *que continua a oferecer-se a Ti, na Eucaristia,*
> *pela salvação do mundo.*
> *[...]*

A nova versão oficial diz:

> *Pai de bondade, eu sei que estás comigo.*

---

29. Cf. *O Caminho do Coração*, Passo 7. Damos a vida com Ele.

Aqui estou neste novo dia.
Coloca mais uma vez o meu coração
junto ao Coração do Teu Filho Jesus,
que se entrega por mim
e que vem a mim na Eucaristia.
Que o Teu Espírito Santo
me faça Seu amigo e apóstolo,
disponível para a Sua missão de compaixão.
Coloco nas Tuas mãos
as minhas alegrias e esperanças,
os meus trabalhos e sofrimentos,
tudo o que sou e tenho,
em comunhão com meus irmãos e irmãs
desta rede mundial de oração.
Com Maria, ofereço-Te o meu dia
pela missão da Igreja
e pelas intenções de oração do Papa
e do meu Bispo para este mês.

Na espiritualidade inaciana, podemos definir esta oração como uma reta intenção do dia. Significa que, ao acordar, nos devemos dispor com grande ânimo e generosidade, oferecendo o querer e a liberdade para que Deus nos conduza pelos seus caminhos[30]. Este oferecimento tem uma característica muito especial: é feito com um sentido reparador.

A reparação é como um processo capaz de conduzir uma transformação da ruptura, da fragmentação e da dispersão, à

---

30. Cf. *Exercícios Espirituais* 5.

plenitude da unidade e da comunhão[31]. Neste sentido, a oração de oferecimento é profundamente eucarística, pois tem um valor intrinsecamente reparador na medida em que restaura a vida divina na nossa mundanidade. Somos "reparados" porque somos recriados em Cristo para ser incorporados no Seu corpo eclesial. Se a ruptura gera violência, destruição, mentira e – no limite – a morte, a comunhão é o regresso a uma nova relação de união mais íntima, mais profunda, mais intensa com Deus e com o mundo. "Uma vez que fomos tocados pela compaixão de Deus, podemos agora dá-la aos outros. A nossa resposta ao amor de Deus por nós é uma missão de reparação. E vamos para além das fronteiras visíveis da Igreja, porque, onde houver compaixão, aí está o Espírito de Deus"[32].

Nesta leitura da Eucaristia como espaço de reparação identificamos quatro verbos do amor reparador.

1. "Tomou": Jesus toma o pão e o vinho para os transformar no seu Corpo e no seu Sangue. Tomar significa assumir e consentir livremente no projeto de amor do Pai, antecipando tudo o que lhe vai acontecer. Tomar a vida própria e a do outro, na realidade despedaçada e violenta, cheia de ódios, de invejas, de desejo de poder, significa ainda "tomai", "fazei isto em memória de mim", convite a entrar no dinamismo de reparação a partir da finitude da vida.

---

31. Cf. MARTINEZ-GAYOL, NURYA, ACI, *A Eucaristia, espaço de reparação*, Espiritualidade ACI, Caderno V.
32. *O Caminho do Coração*, Passo 8. Uma missão de compaixão.

2. "Deu graças... abençoou": Jesus vive o significado profundo da palavra Eucaristia, "ação de graças", em todos os momentos da sua vida. Mas antecipa sempre o sacrifício para o assumir e salvar, dando graças gratuitamente sem se apropriar do dom. A gratidão faz parte da essência da relação Pai-Filho, como o é de toda a Trindade, em contínuo movimento de amor reparador gerado pelo Pai, no Filho, com o Espírito Santo.
3. "Partiu-o": o Corpo eucarístico deixa-se rasgar e partir em pedaços para, nessa ruptura, se repartir. A reparação surge desta capacidade de ser alimento que, como o grão de mostarda, tem de morrer para dar muito fruto.
4. "Deu-o": o gesto de dar completa o amor reparador, uma vez que se abre para fora e não fica fechado em si mesmo. A lógica da reparação é ser alimento permanente, capacidade de doar o amor recebido. Participar deste amor reparador é viver "eucaristicamente".

Encontramos aqui traços da Terceira Semana dos *Exercícios Espirituais* na sua contemplação do mistério da Eucaristia; da Quarta Semana, na partilha de vida que gera o Ressuscitado; e da Contemplação para Alcançar Amor, na ação de graças por tanto bem recebido. É um processo que leva à ação e à missão. Os *Exercícios Espirituais*, como a vida de Santo Inácio o mostra, levam ao mundo real, sofredor e necessitado da graça de Deus, para o reparar a partir do modo de proceder do Coração de Jesus. Reparar restaura, então, a realidade, numa nova Aliança com Cristo, como propõe a Rede Mundial de Oração do Papa, capaz de abrir um "Caminho do Coração" transformador da vida cristã, que conduz ao serviço da missão da Igreja:

> Deus, o Pai de Jesus e nosso Pai, quer fazer presente a Sua compaixão no mundo em nós e através de nós, seus discípulos. Somos convidados a fazer nosso o Seu olhar sobre a humanidade e agir com os sentimentos do Coração de Jesus. Somos enviados com Ele, de diferentes modos, às periferias da existência humana, ali onde homens e mulheres sofrem a injustiça, para ajudar a sustentar e curar aqueles que têm um coração ferido. Mesmo que estejamos limitados por alguma doença ou impedidos fisicamente, mesmo quando nos sintamos incapazes de mudar as estruturas injustas da nossa sociedade, participamos nessa missão, fazendo nosso o olhar compassivo de Deus para com todos os nossos irmãos e irmãs. Uma vez que fomos tocados pela compaixão de Deus, agora podemos dá-la aos outros. É a nossa resposta ao seu amor por nós (reparação)[33].

Podemos compreender o sentido do valor reparador a partir dos novos estatutos da Rede Mundial de Oração do Papa, que propõe um itinerário espiritual integrado em duas dimensões[34]: a compaixão pelo mundo e pelos seres humanos; e a comunhão com a missão do Filho. Ao rezarmos com as intenções do Papa para cada mês, tornamo-nos solidários com

---

33. *Um caminho com Jesus em disponibilidade apostólica*, Recriação do Apostolado da Oração, p. 13.
34. Cf. Novos estatutos da Rede Mundial de Oração do Papa 2024, artigo 4.

quem sofre e é vítima das estruturas do pecado que se vai propagando pela humanidade, no qual todos estamos implicados. Ao mesmo tempo, participamos da missão redentora de Jesus que encarna para salvar a humanidade. Unidos à oferta de Jesus na cruz e na Eucaristia, a oração diária de oferecimento tem um efeito de reparação que restaura o bem do mundo. Este itinerário espiritual, ao integrar estas duas dimensões inseparáveis da vida cristã, torna-se uma verdadeira escola do coração, atualizando em cada membro do Apostolado da Oração os mesmos sentimentos do Coração de Cristo.

Com tudo o que acabamos de expor, podemos dizer que somos convidados a participar no mistério reparador que a nossa oração pode fazer pelo mundo. Cada vez que o fazemos em rede, uns com os outros, em qualquer parte do mundo, refazemos o amor que cria caminhos de comunhão em Cristo, a "porta" que nos conduz ao amor trinitário, do mesmo modo que experimentamos nos *Exercícios Espirituais*.

O legado de Santa Margarida Maria, a mística do Coração de Jesus

Lourdes Pimenta Pereira da Silva[1]

Lista de abreviaturas (obras)

ASM   Autobiografia de Santa Margarida Maria Alacoque
CIC   Catecismo da Igreja Católica
CJSD O Coração de Jesus, segundo a doutrina da Beata Margarida Maria Alacoque
DSM Devocionário, Santa Margarida Maria Alacoque
HMEJ História del Movimiento Eucarístico Juvenil

As experiências místicas vividas por Santa Margarida Alacoque nos levam a um imaginário de tão grande beleza que a mente humana já não consegue alcançar. Trata-se do Divino, que transcende a lógica humana, numa dimensão espiritual. Como compreender um Coração fora do peito? Devemos nos curvar diante do mistério e mergulhar no Amor

---

1. É leiga, casada e graduada em teologia pela Faculdade Claretiana de Teologia de Curitiba. Atualmente é coordenadora da Rede Mundial de Oração do Papa, da Arquidiocese de Curitiba, e escreve mensalmente na Revista Mensageiro do Coração de Jesus.

que se serviu de uma simbologia humana para tocar os nossos corações. Ele nos conhece!

1. Primeiros anos de vida

Margarida Maria Alacoque nasceu no dia 22 de julho de 1647, em Verosvres, na França. A quinta filha de Cláudio Alacoque e Filiberta Lamyn, seus pais e padrinhos eram muito piedosos, e Margarida Maria cresceu em um ambiente favorável para o desenvolvimento da sua fé. Já aos 5 anos, fez voto de castidade perpétua, mesmo sem saber o que significava (LADAME, 2017, p. 17).

Com 9 anos, ingressou no pensionato das Irmãs Clarissas Urbanistas e, um ano após, precisou deixá-lo por conta de uma doença que lhe traz grande debilidade, a ponto de ficar 4 anos acamada. Mesmo com todos os recursos da medicina, não houve melhora e Margarida Maria pediu a Nossa Senhora que a curasse, fazendo voto de tornar-se religiosa em uma Congregação dedicada à Virgem Maria. Curada, seguiu sua vida e passou a dedicar-se mais às relações sociais, uma atitude comum na juventude, esquecendo-se do voto que fizera. Mas nosso Senhor lhe aparece todo desfigurado, e ela percebe que deveria retomar sua vida de oração e penitência (LADAME, 2017, p. 18).

Com a morte do pai, em 1655, os bens da família passam a ser administrados pelo tio, Toussant. A família Alacoque, sob os cuidados de outros, começa a viver um período muito difícil, chegando a faltar-lhe o básico. Mesmo proibida de ir à igreja, porque sua mãe desejava que ela se casasse para tirá-las daquele sofrimento, ela não desistiu. Havia nos fundos do quintal uma grande pedra, como um terraço, de onde ela podia ver a igreja e, quando escurecia, através da vidraça, a lâmpada do Santíssimo (BELTRAMI, 2022, p. 33-37).

Finalmente, Margarida Maria conseguiu ingressar no Mosteiro da Visitação, no dia 20 de junho de 1671, aos 24 anos, em Paray-le-Monial. Desse momento em diante, ela trilharia um caminho que a levaria a viver as mais lindas experiências místicas junto ao Coração de Jesus.

2. A escolha

Temos aqui duas escolhas. A primeira, a escolha divina, e a segunda, a escolha de Margarida.

Já nos primeiros dias de sua vida religiosa, tinha uma intimidade e capacidade de concentração invejáveis. Vivia sempre na presença do Senhor.

A primeira grande manifestação mística do Coração de Jesus aconteceu em uma data muito especial, dia 27 de dezembro de 1673, dia de São João evangelista. Este discípulo viveu a primeira experiência, narrada na Sagrada Escritura, relacionada ao Coração de nosso Senhor: "Ele, então, reclinando-se sobre o peito de Jesus, diz-lhe: Quem é, Senhor?" (Jo 13,25). Temos aqui um contexto de Ceia, seguida da traição de Judas. Muitos teólogos já escreveram sobre este gesto de João, como aquele que procurava conhecer os mistérios do Coração de Jesus. Foi um discípulo íntimo de Jesus, estava presente nos momentos mais importantes e decisivos. Deixou de lado o medo e foi até a cruz. Por isso, pôde ver o lado onde havia reclinado a sua cabeça sendo aberto pela lança. O Evangelho de João (Jo 19,26) não cita o nome, mas, segundo a tradição da Igreja, podemos crer que o discípulo amado é João.

Jesus também permitiu que Santa Margarida Maria reclinasse a cabeça sobre o seu peito, em uma visão interior, espiritual:

> Fez-me repousar por longo tempo em seu divino peito, onde me descobriu as maravilhas do seu amor e os segredos inexplicáveis de seu Sagrado Coração... 'Meu divino Coração está tão apaixonado de amor pelos homens e por ti em particular que, não podendo mais conter nele as chamas de sua ardente caridade, necessita difundi-las por teu intermédio' (LADAME, 2017, p. 80).

A Santa vivenciou um momento assombroso de beleza e perfeição divina, que as palavras não conseguem explicar. Imaginemos a dimensão do fato! Ela relata em sua *Autobiografia* (A, 1985, p. 56) ter ficado vários dias fora de si.

"Nosso Senhor continua: 'Eu te escolhi, qual abismo de indignidade e ignorância, para a realização desse grande desígnio, para que tudo seja feito por mim'" (A, 1985, p. 56). Ele a escolheu para estabelecer a devoção ao Coração de Jesus, visando atrair as pessoas para o seu amor tão esquecido e deixado de lado.

Escolheu os discípulos, Santa Margarida Maria e tantos(as) outros(as) para levar aos mais diversos lugares do mundo a sua mensagem de amor. Nós, da Rede Mundial de Oração do Papa (Apostolado da Oração), do mesmo modo, fomos escolhidos! Você se lembra de como recebeu o convite para ser um membro? Ele quer se servir de pessoas dispostas a ser instrumentos do seu amor. Continua a escolher pessoas "comuns" para trabalhar na construção do reinado do Coração de Jesus. Dizia ela, às suas noviças: "Ó, quanto sois felizes, porque Ele quis servir-se de vós para dar princípio a esta devoção. É necessário, porém, rezar continuamente para que Ele reine em todos os corações" (PIAZZA, 1932, p. 260). Sem oração e sem amor, o seguimento é apenas um "fogo de palha", não se sustenta.

Como a ocasião exigia uma resposta, ela faz a sua escolha, se abandona. "Depois, pediu meu coração. Roguei-lhe que o tomasse, e assim ele o fez, e o colocou em seu adorável Coração" (A, 1985, p. 56). Ela recebeu em seu coração uma pequena fagulha do Amor que nunca mais se acabou. Poderia suportar as grandes provações que viriam, visto que, "o amor não cansa e nem se cansa" (São João da Cruz).

Cabe aqui ressaltar que o pecado também é uma escolha, uma possibilidade contrária à escolha de Cristo, porque nos desfigura e nos afasta da prática das virtudes da fé, da esperança e da caridade.

Talvez você, como Santa Margarida, sinta-se pequeno(a) e incapaz de sua missão de oferecer a vida, honrar e propagar a devoção ao Sagrado Coração de Jesus, mas veja o exemplo deixado pela santa que, sem sair dos muros do Mosteiro da Visitação, conseguiu, com o auxílio da graça divina, dar um grande impulso a esta espiritualidade. A religiosa confiou nas palavras do seu Amado: "Serei tua força" – encoraja-a –, "não tenhas medo de nada, mas sê atenta à minha voz" (A, 1985, p. 56); "Por que te atormentas? Faze o que está em teu poder, suprirei o que faltar" (A, 1985, p. 63).

Essas palavras são para nós, hoje! Que o Senhor nos ajude e nos favoreça com a sua graça, para que, apesar de nossas fraquezas, possamos levar adiante essa mensagem tão linda e necessária. Aquilo que é feito com muito amor tem o poder de transformar, multiplicar!

3. A oferta da vida

Nosso Senhor lhe aparece, novamente, em 1674, quando ela estava diante do Santíssimo Sacramento. Com as cinco chagas brilhantes, mostra o seu Coração e expõe a sua queixa:

> Isto me custa muito mais do que tudo quanto sofri na minha paixão. Se eles correspondessem com um pouquinho de amor, eu teria em pouco tudo quanto fiz por eles, e quisera fazer mais ainda, se fosse possível. Contudo, não têm senão friezas e repulsas diante desse meu afã de lhes fazer o bem (A, 1985 p. 58).

Vimos que Margarida Maria entrega o seu coração, mas tinha muitas dúvidas. Ao ingressar no Mosteiro, pensando não saber rezar, dirige-se à mestra das noviças pedindo que ela lhe ensine, mas ouve uma resposta diferente: "Ide-vos colocar diante de nosso Senhor, como uma tela preparada diante do pintor" (A, 1985, p. 43). Isso significava que ela deveria deixar-se levar e moldar pela graça divina. Não é preciso tantas palavras para rezar, uma vida ofertada é a melhor oração.

Margarida Maria faz uma verdadeira reparação, dado que somente Ele poderá realizá-la (LADAME, 2017, p. 87). Sua vida foi ofertada completamente ao Pai, por intermédio do Filho:

> Meu Deus, eu vos ofereço vosso Filho bem-amado por minha ação de graças, por todos os bens que me dais; por meu pedido, minha oferta, por minha adoração e por todas as resoluções, enfim, eu vo-lo ofereço por meu amor e meu tudo. Recebei-o, Pai eterno, por tudo que desejais que eu faça, porquanto não tenho nada para oferecer-vos que seja digno de vós, senão aquele cuja alegria me dais com tanto amor (LADAME, 2017, p. 37).

Podemos notar que, mesmo surgindo em contexto diferente, o Apostolado da Oração – hoje, Rede Mundial de Oração do Papa – nasceu visando ensinar jovens a oferecerem a vida ao Pai por intermédio do Filho, algo que Santa Margarida Maria já fazia. Foi algo tão bom, que se espalhou rapidamente, chegando aos dias de hoje. Ao rezar o oferecimento diário, abrimo-nos à ação do Espírito Santo para que ele nos guie, inspirando, na tela da nossa alma, pensamentos e ações que nos ajudem a testemunhar o amor a Cristo, colaborando na missão salvífica da Igreja. No "altar" da vida, tão sagrada, ofertamos tudo porque sabemos que Ele tem o poder de transformar dor em alegria, de tornar gestos simples em algo extraordinário.

Desde pequena, Margarida Maria tinha um grande desejo de agradar ao Senhor. Muitas vezes, sacrificava o seu corpo amarrando-o com cordas, e procurava ocasiões de sofrimento para unir-se a Ele em favor dos que não creem e das almas do purgatório, mortificando-se e fazendo penitência. Na Bíblia, encontramos João Batista que se vestia com peles de animais (Mt 3,4) muito ásperas. Esse costume foi praticado pelos primeiros cristãos e chega com força na Idade Média. Havia uma separação entre o corpo, que era considerado algo do "mundo", e a alma, que era nobre, ligada a Deus (LE GOFF, 2006, p. 10-11). Como Margarida Maria tinha o hábito de ler a vida dos santos e era devota de São Francisco, certamente quis assemelhar-se a ele (BELTRAMI, p. 39; 139). Adornava o Coração de Jesus e, ao mesmo tempo, o seu. Quanto mais evoluía espiritualmente, percebia que Jesus queria fazer dela uma hóstia viva.

Jesus pediu que Margarida Maria se apresentasse diante dele todas as quintas-feiras durante uma hora, pedindo misericórdia pelos pecadores: "...tu te levantarás entre onze horas e meia-noite, para comigo te prostrares com o rosto por terra, durante uma hora... e nessa hora farás tudo o que eu te ensinar" (ASM, 1985, p. 59). A Hora Santa é um tempo dedicado, onde oferecemos o nosso coração a Jesus e aprendemos com o dele. Podemos colocar as nossas dores, medos e aflições, sabendo que ele é um amigo e sabe tudo de nós. Vemos que os nossos sofrimentos são passageiros e muito pequenos perante o que Ele passou. Nessa Hora, encontramos consolo e ânimo para seguir em frente, sem nos perturbarmos com os acontecimentos, pois Ele guia tudo para sua honra e glória. Devemos confiar na "sua santa providência e vontade" (LADAME, 2017, p. 32)

Quem oferece, sempre tira um pouco de si em favor do outro. Quando oferecemos, deixamos de ser o centro para nos colocar na dimensão daquele que, já não possuindo, deixa espaço dentro de si para que o Divino ali possa fazer morada. Oferecer é um ato que gera uma incrível liberdade! Imaginemos uma pessoa com um quarto onde guarda muitas coisas, desde o chão até o teto. Essa pessoa ficará certamente perdida, sem saber até mesmo o que possui e, quando precisar, não vai encontrar. Na vida, corremos o risco de criar esses "quartos" dentro do nosso coração, acumulando muito: apego aos bens, vaidades e prazeres. Deixamos de lado aquilo que é essencial: que somos templos santos de Deus. Ao olharmos para os quadros ou imagens do Sagrado Coração de Jesus, seu Coração aberto indica uma disposição em dar e receber. Quando oferecemos, abrimos espaço para que Ele o possa preencher com a sua graça.

A oferta de vida, entendida por Santa Margarida, é a entrega da vida e de si de modo espiritual e corporal. Trata-se de uma consagração, não apenas da recitação de uma fórmula, mas da opção por "uma vida toda renovada, com coração novo" (LADAME, p. 85), de modo que possamos dizer, como São Paulo: "Já não sou eu que vivo, mas Cristo vive em mim" (Gl 2,20).

4. Obediência, humildade e mansidão

Nesta mesma segunda grande aparição, nosso Senhor pede que ela seja obediente: "Não creias em todo espírito e não te fies dele; [...] não farás nada sem a aprovação dos que te governam, para que, tendo a autorização da obediência, ele não te engane, porque não tem nenhum poder sobre os obedientes" (ASM, 1985, p. 59).

Algumas vezes, ela quis rezar muito mais, sacrificar-se com grande rigor, mas desistiu por causa dessa fala de Jesus. Por melhor que seja a intenção, ela deve ser ponderada. Nossas ações devem estar em comunhão com a Igreja e sem prejuízo à família. Há que se considerar que não vivemos sozinhos e isolados no mundo, para fazer tudo segundo a nossa vontade. O projeto divino está sempre acima dos nossos, porque sozinhos não conseguimos saber o que é bom. O desejo de alcançar mérito ou reconhecimento pode estar atrás de gestos aparentemente sinceros.

No livro do Gênesis, no relato da criação (Gn 2,7), Deus modela o ser humano da argila. A terra é o lugar privilegiado onde acontece a decomposição da maior parte dos seres vivos, caindo no esquecimento. Ela evoca a finitude da vida. O autor do texto coloca o início da vida no lugar em que se dá o fim, no caso do sepultamento. Ao que nos parece, ele já tinha essa intenção de informar, desde o início, que a vida terrena tem um prazo. Nesse mesmo versículo, o autor nos diz que Deus soprou nas narinas do homem o hálito da vida. A todo instante, Ele continua fazendo isso em nós. Ninguém consegue ficar muito tempo sem respirar e não entrar no processo de morte. Por isso, devemos nos lembrar de que somos apenas criaturas, ninguém tem maior importância do que o outro. Ele ama a todos e enviou seu Filho para a salvação de todos.

Margarida Maria compreendeu bem isso, vivendo uma humildade extraordinária. Na ocasião da morte de seu pai, ela viveu um tempo penoso. Até mesmo a alimentação era restrita, acrescida de humilhações. A jovem suportou tudo sem jamais se queixar. A humildade se expressa com a paciência nos relacionamentos mais difíceis.

Em seus escritos, a humildade está evidente. Toda espécie de consideração e compaixão deveria ser atribuída ao próximo, nunca a si mesma, sempre se achando merecedora das humilhações que sofria, chegando a desejá-las (ASM, p. 91). Por que ela agia assim? Poderíamos achar que havia algo errado com ela, mas não! O amor que possuía por Jesus era tão grande a ponto de colocá-lo no centro de sua vida, esquecendo-se de si, numa disposição e liberdade interior difícil de entender atualmente. Ela queria "viver pobre e abjeta [miserável], desconhecida, desprezada e esquecida, não desejando aparecer senão para ser humilhada, acusada e contrariada. Procurarei ficar escondida debaixo da cinza das humilhações e no amor de minha abjeção [baixeza]" (R III e VI, 3). Considerava que a verdadeira humildade não admite um amor excessivo por si, assim, quem precisa ficar se justificando sempre como o dono da razão está muito longe de ser humilde (LADAME, 2017, p. 139). Hoje, com tantos casos de depressão, pensaríamos que ela estivesse psicologicamente doente ou com uma baixa autoestima, mas não, estava sempre com o semblante tranquilo e sorridente, considerando que felicidade é poder amar a Deus (BELTRAMI, 2022 p. 139).

Assim, a virtude da humildade pode e deve ser exercitada. Não cabe aqui pensar que a pessoa humilde não possui dons ou não faça nada de bom. Na verdade, ela reconhece que os dons que possuímos nos foram dados por Deus. Se somos capazes de realizar algo bom, a glória ou o mérito não são nossos, mas do Senhor que nos favorece. Importante ter em mente que, quanto mais nos abrimos à graça, mais ela nos é dada, "porque é Ele próprio que começa fazendo com que queiramos e é Ele que acaba..." (CIC, n. 2001). "O caminho desta perfeição passa pela cruz. Não há santidade sem renúncia e combate espiritual" (CIC, n. 2015).

A mansidão é a virtude que nos faz agir com brandura e suavidade. Quem é manso acolhe com alegria e despede com ternura. É capaz de dizer a verdade sem ofender e de agir com rigor quando necessário. Vejamos o exemplo de Jesus. No Templo, diante da profanação, ele pegou cordas e fez um chicote (Jo 2,15) para expulsar os cambistas, porque ficar inerte frente ao pecado é omissão. Jesus agiu para que eles pudessem perceber a gravidade do que estavam fazendo no Templo.

Margarida Maria ensina uma noviça sobre a virtude da mansidão. Este ensinamento cabe a todos nós:

> Sede mansa, se quiserdes agradar ao Sagrado Coração de Nosso Senhor Jesus Cristo, que só se compraz [alegra] com os mansos e humildes. [...] A mansidão com o pró-

ximo vos fará tolerante e condescendente, caritativa em prestar-lhes vossos pequenos serviços, desculpando-lhes os defeitos, apesar de todas as repugnâncias que podereis sentir ao receber qualquer desgosto, rezando por ele. E assim conquistareis o Sagrado Coração de Nosso Senhor Jesus Cristo (LADAME, 2017, p. 137-8).

5. **Amor e honra ao Sagrado Coração de Jesus, na Eucaristia**

Na época das aparições, havia se espalhado uma doutrina errada (heresia) dentro da Igreja, o jansenismo. Exigia um rigor moral extremo, com a intenção de voltar ao cristianismo primitivo, mas de modo distorcido. Não se podia comungar sem estar em total estado de graça, sendo necessário o Sacramento da Confissão imediatamente antes da missa. Algo que atualmente vemos voltar de modo velado. Jovens e até mesmo adultos dão grande importância aos ritos e práticas piedosas externas, sem a mudança do coração.

O jansenismo considerava o ser humano incapaz de algo bom, exceto se lhe fosse concedida uma graça especial, à qual ele não poderia resistir (MONTOVANI, 2017, p. 13). Seria uma religião dos escolhidos, e os demais seriam condenados. Desanimados, na época, muitos fiéis desistiram da sua fé, pensando não haver mais salvação. Aos poucos se afastaram dos sacramentos, particularmente da Confissão e da Eucaristia. Isso facilita o entendimento do grande enfoque das mensagens de Paray-le-Monial a respeito da Eucaristia.

Vejamos que, ainda na segunda manifestação, nosso Senhor fez um pedido à santa: "Tu me receberás no Santíssimo Sacramento, enquanto a obediência te permitir. Qualquer mortificação e humilhação que disso te advir, deves receber como penhor (garantia) do meu amor. Comungarás todas as primeiras sextas-feiras de cada mês" (ASM, 1985, p. 59). Vejamos a imensidão da graça de poder comungar na primeira sexta-feira de cada mês. Nosso Senhor esclarece que toda sorte de humilhações e sacrifícios realizados para que ela aconteça devem ser considerados uma prova do seu amor.

A religiosa, que passava até doze horas diárias diante do Santíssimo Sacramento (BELTRAMI, 2022, p. 80), tinha um desejo muito forte de receber a Eucaristia, de modo que, antes de a receber, fazia um profundo silêncio e, ao recebê-la, chegava a ficar cerca de 15 minutos em completo silêncio e êxtase, para ouvir nosso Senhor. Ela escreve: "Não desejava nem beber, nem comer, nem ver, nem falar, tanta a consolação e paz que eu sentia. E me escondia quanto podia para aprender a amar meu soberano Bem, que insistia comigo com força para retribuir-lhe amor com amor" (LADAME, 2017, p. 71-2).

Isso nos faz pensar em como nos temos preparado para receber nosso Senhor na Eucaristia. Comungar não é algo comum, que pode acontecer de qualquer jeito. Quando entramos na fila para comungar, precisamos ter uma atitude de alma que deseja ansiosa o encontro com o seu esposo. Como no livro Cântico dos Cânticos (3,1-2), a alma apaixonada espera o feliz momento do reencontro: "Em meu leito, pela noite, procurei o amado de meu coração. Procurei-o e não o encontrei! Levantar-me-ei, rondarei pela cidade, pelas praças, procurando o amado da minha alma...".

Nosso Senhor expõe para a santa o descuido e descaso das almas que comungam sem a vontade: "Não é que esteja no ato do pecado", explica-lhe Ele, "mas na vontade que não lhe saiu do coração, o que me causa mais horror que o ato do próprio pecado, pois é aplicar meu sangue a um corpo apodrecido pelo desprezo" (LADAME, 2017, p. 74). Além de não comungar em pecado mortal, é preciso ter um coração aberto para acolher àquele que se entrega por amor e traz consigo um ramalhete de bênçãos e graças.

A Eucaristia

> traz consigo, como fruto principal, a união íntima com Cristo Jesus [...] conserva, aumenta e renova a vida da graça recebida no Batismo [...] a Eucaristia não pode unir-nos a Cristo sem nos purificar, ao mesmo tempo, dos pecados cometidos e nos preservar dos pecados futuros... Tal como o alimento corporal serve para restaurar as forças perdidas, assim também [...] fortifica a caridade que, na vida quotidiana, tende a enfraquecer-se; e esta caridade vivificada apaga os pecados veniais (leves) (CIC, n. 1394-1991).

O ardor que santa Margarida Maria sentia era enorme, não de uma forma sentimental, mas completa. Tal afirmação fica evidente em sua oração, na qual a santa implora:

> Vinde, ó fidelíssimo, dulcíssimo e ao mais amável de todos os amigos", "Vinde ao meu coração!... Vinde, vida

de meu coração, alma de minha vida, único amparo de minha alma, ó pão dos anjos encarnado por meu amor, exposto para meu resgate e disposto para sustento meu! Vinde saciar-me abundantemente! Vinde sustentar-me fortemente! Vinde fazer-me crescer bastante! Vinde fazer-me viver de vós, mais eficazmente, ó minha única vida e todo o meu bem (LADAME, 2017, p. 72).

Ela queria ser como um círio ardente, a se gastar diante da Eucaristia, para honrar a Jesus. Escreveu ela a uma noviça: "É preciso imitar o círio ardente. Que vosso coração seja a cera branca, cujo uso apropriado é queimar. Vossa vontade será como a mecha... apropriada a ser queimada pelo fogo do divino amor" (LADAME, 2017, p. 69).

Recordemos que, no tempo em que foi proibida de ir à igreja, Margarida adorava Jesus de longe. De joelhos sobre a pedra, ela chorava, esquecida de si, pedindo ao seu anjo da guarda que fosse lá prostrar-se e entregar os seus sentimentos e resoluções de amor (BELTRAMI, 2022, p. 34).

A terceira grande aparição se deu entre 14 e 20 de junho de 1675. Quando ela estava, novamente, diante do Santíssimo Sacramento, Jesus se manifesta dizendo-lhe:

> Eis aqui este coração que tanto tem amado os homens, que nada se tem poupado até se esgotar e consumir para lhes testemunhar seu amor; e em reconhecimento não recebo, da maior parte deles, senão ingratidões por meio das irreverências [desrespeito] e sacrilégios, tibiezas [fraqueza na fé] e desdéns que usam para comigo neste Sacramento

de amor. E o que muito mais me custa é tratar-se de corações a mim consagrados os que assim me tratam. Por isso peço-te que seja constituída uma festa especial para honrar o meu Coração na primeira sexta-feira depois da oitava do Corpo de Deus. Comungue-se, nesse dia, e seja feita a devida reparação por meio de um ato de desagravo, para reparar as indignidades que recebeu durante o tempo em que esteve exposto sobre os altares (ASM, 1985, p. 87-88).

Além do pedido de que comungasse toda primeira sexta-feira do mês, pediu um dia especial dedicado ao seu Coração: a Solenidade do Sagrado Coração de Jesus, reconhecida pela Igreja. Uma festa para recordar o quanto somos amados!

O jansenismo fazia um grande estrago na fé dos fiéis. Com as manifestações de Paray-le-Monial, fica evidente que nosso Senhor queria que os fiéis se aproximassem novamente dos sacramentos, em especial, da Eucaristia.

Outro indício dessa verdade podemos encontrar na nona Promessa do Coração de Jesus aos seus devotos:

> Eu te prometo do excesso da misericórdia do meu Coração que o meu amor todo-poderoso concederá a todos aqueles que comungarem na primeira sexta-feira de nove meses consecutivos, a graça da penitência final; não morrerão no meu desagrado, nem sem receberem os sacramentos; nessa hora derradeira o meu Coração há de ser para eles asilo seguro (CJSD, 1907, p. 273).

Na Eucaristia, o Coração de Jesus continua pulsando e nos comunicando suas graças!

6. O culto e a consagração ao Coração de Jesus

Ainda na terceira grande aparição, nosso Senhor, mostrando o seu coração, derrama sobre todos os seus devotos infinitas graças: "E eu prometo que meu Coração se dilatará para derramar com abundância os benefícios de seu divino amor sobre todos os que lhe tributarem essa honra e procurarem que outros a tributem" (ASM, 1985, p. 87-88).

Muitas são as promessas ligadas à Solenidade do Sagrado Coração de Jesus, bem como ao culto e veneração da sua imagem. Durante as aparições místicas e diálogos, nosso Senhor revelou à santa toda a doçura do seu Coração. Ela escreveu algumas cartas dirigidas à sua Madre Superiora, ao seu irmão sacerdote, ao Pe. Cláudio La Colombière e ao Pe. Croiset, seu confessor. Nelas, ela relata os desejos e bênçãos do Coração de Jesus aos seus devotos.

Ao seu irmão, Jacques Alacoque, ela deixa registrado: "Consagrai-vos totalmente a este Coração adorável, para lhe dardes todo amor e glória que puderdes, quer por vós mesmo, quer por aqueles de quem estás encarregado. Não temais empregar nisso o vosso tempo, porque ele é muito rico e tem muito com o que vos recompensar" (CJSD, 1907, p. 187). No entanto, não devemos pensar em recompensa, caso contrário, não estaríamos pensando em uma espiritualidade e culto verdadeiros.

O que nosso Senhor espera de seus devotos é zelo e dedicação. Por isso, não devemos desistir diante das dificuldades que se opõem à nossa missão para que mais pessoas possam ser agraciadas por Ele. O sofrimento e o cansaço fazem parte do caminho.

> Importa amar tanto Nosso Senhor nesta vida que nos tornemos uma só mesma coisa com ele, a fim de que jamais possamos ser separados dele. Ah, como é bom amar tão somente por amor dele mesmo... pois sem esse amor a vida é dura morte. Jesus Cristo é o único verdadeiro amigo de nossos corações, que não foram feitos senão para ele só. Assim, não podem encontrar repouso, alegria e nem plenitude senão nele... (LADAME, 2017, p. 64).

Encontramos também nas cartas de Santa Margarida Maria uma prática considerada essencial para o culto do Coração de Jesus: a consagração. Esta deve ser um ato livre de reconhecimento da soberania de nosso Senhor em nossas vidas. Ao consagrar-se, uma pessoa deixa transparecer a sua vontade em render-lhe homenagens. Porém, a consagração não se resume à leitura da oração, ela precisa ir além, trata-se de tornar a vida dedicada ao Sagrado Coração de Jesus. Embora a consagração feita pelos leigos não seja total, dado o fato de não poderem dedicar-lhe todo o tempo, em vista das atividades do dia a dia, devem realizar todo esforço para propagar, honrar e cultivar a intimidade com Ele.

Consagrar-se requer a mudança de coração, que parte do cumprimento dos compromissos assumidos para realizá-los sempre melhor. A consagração não pressupõe o mínimo, ela é um passo a mais na missão de batizados(as), é renunciar às nossas próprias vontades para reinar em nós a vontade de

Deus, fazendo-nos disponíveis e a serviço de nossos irmãos e irmãs.

Santa Margarida Maria dizia que a consagração é "o caminho mais curto para chegar à perfeição" (CJSD, 1907, p. 191). Ela recomendava às noviças do Mosteiro da Visitação que rezassem sempre a oração de consagração (CJSD, 1907, p. 250) com um grande respeito à imagem do Seu Coração.

O culto à imagem do Coração de Jesus é manifesto pela santa:

> O meu divino Mestre, escreve a Bem-aventurada, deseja que se façam pequeninas imagens do seu divino Coração, para que quantos desejarem honrá-lo possam trazê-la consigo [...] que se faça esta imagem para que, aqueles que desejarem prestar homenagens particulares ao seu Sagrado Coração, possam ter esta imagem nas suas casas, onde ele deseja vê-la exposta e venerada [...] quer que esta imagem do seu Sagrado Coração seja exposta publicamente (CJSD, 1907, p. 106).

No Apostolado da Oração do Brasil, fazemos uso das fitas vermelhas, que trazem a imagem do Coração, conforme Ele pediu. No dia da consagração, ela é abençoada e imposta por um sacerdote ou diácono. Aquele que se consagra assume o compromisso de trazê-la consigo, honrando o Coração de Jesus. Imagens maiores são utilizadas em igrejas e nas casas dos devotos, que podem realizar a Entronização em seus lares, uma celebração muito bonita, para bênção de santificação das famílias. Importa esclarecer que as imagens não são enfeites, e por isso devem ser usadas e conservadas com o devido respeito.

A santa prevê alguns exercícios de piedade diante da imagem do Sagrado Coração de Jesus, que podem ser feitas ainda hoje, como:

> ter sempre próximo uma imagem, para lembrar do amor por Ele oferecido; ajoelhar-se muitas vezes diante dela, pedindo a nosso Senhor que nos dê seu Coração e seu amor; recordar todas as graças e bênçãos recebidas; trazer à memória os momentos de ingratidão e indiferença; pensar em como Ele não é amado; pensar se o nosso coração está semelhante ao dele; e pensar que Ele nos convida a entrar nele, por aquela abertura e fazer ali a nossa morada (CJSD, 1907, p. 107).

7. Da perseguição à canonização

Diante das inúmeras manifestações, Margarida Maria, não conseguia esconder o que vivia, mudando o seu comportamento na frente das outras irmãs e causando muitas dúvidas dentro do Mosteiro. Suas companheiras de claustro e até mesmo a madre superiora suspeitavam tratar-se de inverdades ou alucinações, submetendo-a a diversas provas.

Eis que chega, no início de 1675, o Pe. Cláudio La Colombière e, ao ouvi-la, procura conversar com a madre superiora, dizendo ter como verdadeiras as manifestações. Depois da morte do padre (15/02/1682), seus irmãos de hábito acharam algumas páginas escritas e resolveram publicá-las em um livro

(*Retiros Espirituais*, 1685), que chegou ao Mosteiro para a leitura das religiosas. Nele, falou de Margarida, como uma "alma privilegiada", contando a terceira grande aparição do Sagrado Coração de Jesus. Isso lhe deu credibilidade, mudando o conceito que tinham dela (BELTRAMI, 2022, p. 111; 116).

Finalmente, em 21 de junho de 1686, é apresentada às religiosas uma miniatura do Coração de Jesus e elas lhe rendem homenagens. Em seguida, mandam pintar um quadro do Sagrado Coração de Jesus. No ano seguinte, é dada a missão de cuidar da devoção à Companhia de Jesus e às Irmãs da Visitação (LADAME, 2017, p. 21).

Antes de sua morte, ela ainda fez um retiro de 40 dias. No dia 17 de outubro de 1690, aos 43 anos, entrega a sua vida nas mãos daquele que tanto amou, sem ver o triunfo do Sagrado Coração de Jesus neste mundo. Foi beatificada em 1864 e canonizada em 13 de maio de 1920. Sua festa foi estendida a toda a Igreja, 9 anos depois, comemorada no dia 16 de outubro.

Santa Margarida Maria Alacoque, rogai por nós!

8. Lançar-se no lado aberto do Senhor

Nosso Senhor quis "nos atrair com vínculos humanos" (Os 11,4), gestos e símbolos. A simbologia iconográfica nos ajuda. O coração representa a vida; enquanto ele pulsa, todas as células são renovadas. É a expressão do amor entre as pessoas, conhecido por toda a humanidade. O coração não descansa, vai até o fim, sendo uma das últimas expressões de vida.

Nas imagens do Sagrado Coração de Jesus representadas podemos perceber a marca da lança. Interessante notar que ela está presente nas bandeiras do Apostolado da Oração e merece uma reflexão.

A lança surge cerca de 300 mil anos antes de Cristo, para defesa e sobrevivência humana. No início era de pedra, depois evoluiu para o metal. Era muito usada em guerras. Quando arremessada, atingia grande velocidade, alcançando o alvo a longas distâncias, garantindo certa segurança.

Na cruz, Jesus tem o seu lado aberto por uma lança (Jo 19,34). O objetivo do soldado era se certificar da morte. No entanto, um objeto ligado a situações de morte, revela um "lugar" cheio de vida, o Coração de Jesus.

Santa Margarida Maria dizia que: "Na sexta-feira devemos retirar-nos à chaga do lado, como um pobre viajante que procura o porto seguro para pôr-se ao abrigo dos escolhos (perigos) e tempestades do mar borrascoso (turbulento) deste mundo, onde estamos expostos a contínuos naufrágios" (LADAME, 2017, p. 64).

Seguindo o conselho da santa, somos convidados a lançar-nos nesse lado aberto, exatamente como uma lança, que corre rápido para alcançar o seu objetivo, neste caso, o Coração de Jesus!

Lançar-se é romper com tudo aquilo que nos impede, ainda que estejamos tão longe... Sim! É possível! Podemos deixar de lado o medo e a insegurança, como Santa Margarida Maria, porque o Nosso Senhor nos ajuda: "Toma, aí tens com que suprir tudo o que te falta" (ASM, 1985, p. 58). Medo é uma palavra que não existe para o amor.

Lançar-se é testemunhar e oferecer condições para que outras pessoas possam fazer o mesmo. Não podemos ter uma espiritualidade individualista, precisamos apontar para esse amor, esquecido por alguns, desacreditado por outros.

Lançar-se é seguir em frente. Ainda que tenhamos pecado, fraquejado e sido infiéis, sigamos! Quantas pessoas se sentem atraídas ao Coração de Jesus, cheias de entusiasmo e, com o passar do tempo, deixam-no de lado. Alguns(mas) consagrados(as) não participam da Missa, Hora Santa e Reunião Mensal. Como na parábola do semeador (Lc 8,4-15), percebemos que, por vezes, creem apenas por algum momento; outros, deixam a alegria do encontro com o Coração de Jesus ser sufocada pela riqueza, pelos prazeres da vida ou até pelo comodismo. Contudo, nossa santinha nos diz:

> Não vos entretenhais em refletir sobre as vossas faltas. Amiúde (com frequência), isso só serve para contentar o amor-próprio e para desanimar-vos. Uma vez cometidas, devemos humilhar-nos diante de Deus, pedindo-lhe perdão e, depois, como diz nosso santo fundador, voltar ao trabalho com novo ânimo. Uma vez mais, rogo-vos: olhai para Deus e não para vós" (LADAME, 2017, p. 142).

Lançar-se é seguir um caminho previamente calculado, que nos leve ao Coração de Jesus, "O Caminho do Coração", partindo da constatação de que o amor é o princípio de tudo, até chegar a uma missão de compaixão e serviço. É tocando as chagas de nossos irmãos e irmãs que tocamos as chagas de nosso Senhor.

São Boaventura dizia: "Ó feliz lança, se eu tivesse no teu lugar, não queria sair do lado de Cristo e teria dito: Eis o lugar do meu descanso em todos os séculos dos séculos" (CJSD, 1907, p. 106).

Lançar-se é atirar-se com total confiança no Coração de Jesus. Em momentos difíceis e situações complexas não podemos desanimar. "O Senhor nos ama. Confiai em sua bondade e combatei corajosamente. Lançai-vos muitas vezes nos braços dele ou em seu divino Coração, entregando-vos a tudo quanto quiser fazer de vós" (CJSD, 1907, p. 147).

Não tenhamos medo de entregar nossa vida! Lancemo-nos depressa, como nos diz o beato Jacopone de Todi, místico e poeta (PIAZZA, 1932, p. 113):

> Voa ao alto, coração enamorado
> Passa e vai ardente ao Redentor
> E vai ao lado
> Que conserva a ferida por amor;
> Entra até o Coração com grande ardor
> Depois não sai por coisa vã
> Dessa doce fonte
> Que toda a gente cura e faz sarar.

Referências bibliográficas

AUTOBIOGRAFIA de Santa Margarida Maria Alacoque. São Paulo: Edições Loyola, 1985.

Beltrami, Pe. André. *Santa Margarida Maria Alacoque: a esposa do Sagrado Coração de Jesus*. 2. ed. São Caetano do Sul, SP: Santa Cruz Editora de Livraria, 2022.

Catecismo da Igreja Católica. São Paulo: Edições Loyola, 2000.

Devocionário, Santa Margarida Maria Alacoque. São Paulo: Editora Canção Nova, 2018.

Historia del movimiento Eucarístico Juvenil. Disponível em: <https://www.popesprayer.va/pt-pt/historia-del-movimiento-eucaristico-juvenil/>. Acesso em: 9 set. 2024.

Ladame, Jean. *Doutrina e Espiritualidade de Santa Margarida Maria*. São Paulo: Edições Loyola, 2017.

Le Goff, Jacques. *Uma história do corpo na Idade Média*. Rio de Janeiro: Civilização Brasileira, 2006.

Montovani, Ricardo Vinícius Ibañez. *10 Lições sobre Pascal*. Vol. I. Petrópolis: Editora Vozes, 2017.

O Coração de Jesus, segundo a doutrina da Beata Margarida Maria Alacoque. Editor: Manuel Pedro dos Santos. Lisboa: Administração do Novo Mensageiro do Coração de Jesus, 1907.

Piazza, Pe. Fernando. *Eu Reinarei. A devoção ao Sagrado Coração de Jesus no seu desenvolvimento histórico*. São Paulo: Livraria Salesiana Editora, 1932.

Juventude: a busca de equilíbrio em si mesmo

Luan Belushi[1]

Gostaria de iniciar perguntando a quem está lendo este texto: qual o conceito de juventude para você? O que é ser jovem em seu entendimento? Quais os pensamentos que logo surgem em sua mente ao se deparar com juventude? Antes de continuar a leitura, pense um pouco sobre isso, iremos refletir sobre alguns pontos no decorrer do texto.

Contextualizando um pouco, a palavra juventude vem do latim *juventus*, que tem os significados de "novo, recente, jovem". As Nações Unidas compreendem o jovem como aquele indivíduo que está na faixa de 15 a 25 anos. Embora essas concepções e entendimentos possam mudar em diferentes culturas.

Informalmente, podemos dizer que jovem é aquele que tem pouca idade e, de fato, no sentido natural, o jovem é um ser "prematuro" na vida; porém, vamos agora deixar de lado esses conceitos prontos sobre a juventude e vamos tentar analisar a

---

1. É leigo, natural de Aracaju/SE, formado em psicologia. É articulador estadual do Movimento Eucarístico Jovem.

questão de uma forma diferente. Para isso é necessário experimentar a "liberdade do ser", deixar coração e mente abertos ao que podemos encontrar no mais íntimo de um jovem.

Ao longo das minhas atividades como psicólogo, deparei-me com várias realidades que me fizeram repensar o que seria juventude e por que essa é uma fase tão desafiadora, principalmente na realidade atual. Já adianto que expressarei um olhar terapêutico e humano nesta nossa conversa, e convido você a também buscar esse olhar.

Vamos usar uma imagem mental para tentarmos nos conectar através das palavras e das nossas percepções. Eis que eu planto uma semente, na qual coloco todas as minhas expectativas para que um dia se transforme em uma árvore e dê os mais saborosos frutos. Ao semear, tomo todas as precauções possíveis, desde preparar a terra, até plantar, regar e assim ir mantendo esse mesmo ritmo, até ver surgir uma vida. Quando me deparo com essa vida, que preparei com muito cuidado, começo a ficar cada vez mais radiante e aumenta em mim o desejo enorme de vê-la crescer forte, robusta e cheia de vida. Mas se, à medida que cresce, vou lhe dando menos atenção e me ocupo com outras coisas, aquela árvore, cujo crescimento eu tanto esperava, deixa de crescer da forma que eu imaginara ou não dá os frutos que eu esperava. Então começo a me "desfazer" dessa árvore, eu me frustro com o seu crescimento e crio todos os adjetivos negativos possíveis para ela.

Eu encontrei nesse caminho de terapeuta muitos jovens que se assemelhavam a essa árvore, jovens que carregam todos os adjetivos negativos possíveis e que entendem a vida como um fardo, porque foi nesse local de "peso" que muitos foram colocados, o que é reforçado constantemente por eles mesmos... Nesses momentos a parte humana fala mais alto. Como fazer esse jovem entender que ele ainda pode ser uma "árvore" exuberante? Como devolver à juventude a sua autoestima perdida em um mundo onde não seguir determinados padrões lhe custa caro? Como tudo precisa partir de um princípio, a resposta mais adequada seria: "autoconhecimento".

Dividirei este texto em cinco passos que se conectam entre si e que são importantes para nossa temática.

1. Autoconhecimento

É senso comum que é exatamente na fase da adolescência/juventude que ocorrem as mais complexas definições sobre si mesmo. É nesse período que muitas mudanças corporais começam a acontecer, que várias relações interpessoais começam a surgir, que muitas cobranças sobre o futuro começam a martelar a cabeça, e o jovem, com sua pouca experiência, precisa administrar tudo isso da melhor forma para atender a expectativas pessoais, familiares e sociais. É um verdadeiro caos interno. É como se um alarme de incêndio estivesse tocando em diversos momentos do dia em sua mente e ele ainda precisasse se reafirmar em todos esses momentos. Não, não é nada fácil!

Inseguro. Destemido. Forte. Frágil. Determinado. Confuso. Doce. Rude. Imparcial. Tendencioso. Alegre. Único. "Maria vai com as outras". Independente. Submisso. Companheiro.

Egoísta. Herói. Vilão. Simples. Complicado. Ansioso. Inconstante. Perseverante!

A partir desse contexto, por vezes perturbador, muitos jovens chegam à vida adulta sem compreender direito quem são, o que querem, o que seguir. Por isso, muitas vezes é fácil sofrer o efeito manada. Falta-lhes entender e vivenciar sua própria identidade e não ter medo disso. Quem não busca entender a si mesmo, nunca irá se encontrar de verdade, e é por isso que vemos tantos jovens bem distantes de sua essência.

Assim, independentemente de sua idade atual, pare um pouco, tente ver o quanto você conhece sobre si mesmo. Não tenha medo das coisas com que vai se deparar, conhecer-se é também aceitar as coisas que podem ser melhoradas. Por mais inútil que pareça para muitos jovens e adultos, é importante para toda a concepção humana buscar entender quem de fato se é. Faça essa experiência.

Nos meus encontros terapêuticos, costumo iniciar esse processo de autoconhecimento com os jovens da forma mais básica e necessária, começando com a primeira pergunta, a mais clichê possível: "QUEM SOU EU?". É através dessa pergunta que eu começo a me analisar como um ser. Quando eu olho para meu interior eu consigo encontrar algumas respostas para essa pergunta. E, por mais simples que sejam elas, já é um grande avanço.

Lembro-me de um momento em que um jovem me respondeu o seguinte: "eu sou um ponto em meio a vários outros pontos, nada especial". E foi exatamente por meio dessa resposta que conseguimos encontrar a essência dele, mesmo sem ele imaginar. Será que já vimos em algum lugar no mundo nascer mais de uma flor no mesmo buraquinho de terra? Só nasce uma flor em um mesmo pedaço de terra. Por mais que se pareçam, cada flor é única, e é especial exatamente por isso.

Talvez seja por isso que muitos jovens nem se compreendam como um ser. Muitas vezes sua identidade está tão fragilizada com tantas coisas negativas que pensam sobre si mesmos, que ser único não é nada de tão especial assim. Que tal mudar essa perspectiva?

Quer fazer uma experiência de como a nossa visão de nós mesmos na maioria das vezes está distorcida e carregadas de coisas negativas? Pense sobre suas qualidades; se for possível, liste-as. Após isso, pense em alguns defeitos que você tem, e também os liste.

Quase sempre que solicito a alguém para realizar essa busca íntima eu questiono logo em seguida o que lhe foi mais fácil pensar, analisar e listar. E quase sempre os defeitos ou pontos negativos sobressaem. Supervalorizamos nossos pontos negativos, evidenciamos nossos pontos fracos, mesmo tendo inúmeras qualidades e pontos positivos. Na cabeça de um jovem, todo esse processo ganha uma dimensão ainda maior.

Muitas vezes algumas situações, contextos e ambientes também não contribuem muito para um olhar mais positivo sobre si. Acompanhei um jovem, por um determinado tempo, cuja visão sobre si mesmo estava tão adoecida que nada mais era importante na vida dele. Foram muitos encontros terapêuticos. Analisamos muito todo o seu histórico de vida e o contexto familiar e social... Foi aí que nos deparamos com o que o adoecia daquela forma. Seu ambiente familiar não era saudável, e essa é a realidade de muitos jovens. Seu "lar" era um local de muitas brigas e desconfianças. Nada do que ele fazia era valorizado, pelo contrário, ele só recebia críticas sobre tudo. Não havia diálogo. Não havia acolhimento. Quando criança, a forma de educação que recebeu sempre foi punitiva, e todas as vezes que sentia vontade de expor algo, nunca era validado. Como construir uma percepção saudável de si com tantas experiências negativas? Ele cresceu, e não ser bom o suficiente se tornou a principal identidade dele. Ele cresceu com a crença de que não era bom, e por isso nunca se viu como uma boa pessoa.

E é a partir dessas dimensões, muitas vezes distorcidas ou superampliadas, que surgem muitos conflitos, várias crises de identidade, várias demandas psicológicas. Por isso, não é tão simples estar na cabeça de um jovem.

Como mencionado, entendemos que é nessa fase da vida que se forma a identidade do ser humano e que se vai estabelecendo a sua personalidade. Mas o que de fato seguir em um mundo tão líquido de valores? Qual rumo tomar? O que é mais importante seguir entre tantas incertezas que nos são apresentadas?

Trago mais uma imagem mental para visualizarmos melhor essa situação. Imagine que um indivíduo esteja andando por uma estrada há um tempo considerável, tentando encontrar a felicidade. Ele caminha por um bom tempo muito entusiasmado, confiante em si mesmo, mas, à medida que caminha e não chega até onde realmente deseja, começa a desconfiar do caminho, a se desmotivar com a caminhada, fica confuso, pensa em desistir, fica desacreditado e, então, sem saber mais de nada, chega a um ponto que tem duas direções a tomar e ele precisa seguir em uma só... que caos! Um lado tem a seguinte placa: "Por aqui, você vai agradar a todos, vai ser descolado, vai fazer tudo o que os outros fizerem, vai estar sempre rodeado de pessoas, mas não terá muitos amigos, você irá ser feliz em vários momentos"; do outro lado, a outra placa sinaliza o seguinte: "Por aqui, agradar a todos não será necessário, você será único, terá uma identidade forte, não terá muitas pessoas à sua volta, talvez em alguns momentos nem será lembrado para algumas ocasiões". Diante desses dois caminhos é preciso tomar uma decisão, embora, na vida real, existam ainda muitos outros caminhos para confundir-nos ainda mais na hora de tomar uma decisão. O que torna ainda pior esse cenário é que muitos jovens se colocam ou são colocados em uma situação de urgência para decidir coisas tão importantes. É como se a vida dependesse de uma resposta rápida para todos esses questionamentos e direções. Não há espaço e permissão para analisar com calma cada escolha. E é nesse momento que várias crises de identidade começam a ocupar espaço na cabeça dos jovens.

Seguir os outros e ser descolado ou reforçar sua própria identidade e não ser tão lembrado assim? Umas das coisas que eu mais escuto no consultório é sobre esse ponto, o medo de não ser lembrado, de ser esquecido pelos outros, de não fazer parte do "todo", de ser estranho no "rolê" e, por isso, não ser jovem.

Muitos falam abertamente em preferir abrir mão da sua identidade para conseguir vivenciar o que a maioria dos seus "amigos" estão propondo; a busca da aprovação do outro ou do grupo é o principal risco para nosso "Eu". A identidade individual desmorona quando eu busco agradar para me fazer pertencente a uma realidade que muitas vezes nem é minha.

Uma jovem me falou o seguinte em um momento em que conversávamos sobre coisas que ela fazia só para se sentir mais pertencente ao grupo que ela considerava importante para ela. "Um dia, mesmo sem vontade de fumar, eu precisei fazer isso, porque eu olhei em volta e todos os meus amigos que estavam na roda estavam fumando, e eles me olhavam esperando que eu fizesse o mesmo; então eu fiz, mesmo sem vontade. Naquele dia, eu queria apenas estar ali." Às vezes é preciso analisar com calma em qual grupo eu realmente quero me inserir; porém, anular-me em diversos momentos diz mais sobre mim do que sobre o grupo. O jovem precisa redescobrir essa coragem de respeitar mais seus próprios valores do que a necessidade de agradar.

Muitas coisas estão em jogo quando é preciso tomar decisões, e a mente em plena construção de identidade muitas vezes passa por momentos de erupções fortíssimas. Um jovem que não consegue se compreender e não reafirma sua identidade, com muita frequência passa por fortes crises de ansiedade, que o tiram do eixo de uma vida equilibrada. E, infelizmente, não é à toa que estamos vivenciando uma era em que os jovens estão cada vez mais ansiosos. Tudo ficou líquido e sem sentido. O que era importante, hoje não é mais necessário. Estamos dando cada vez mais importância àquilo que não nos acrescenta. Valorizamos o "TER" ao invés do "SER". A aparência, em muitos casos, conta mais do que a essência. Ser aceito vale mais do que ser você mesmo.

Na psicologia há dois termos, propostos pelo psicólogo Carl Rogers, que usamos com muita frequência ao trabalhar na perspectiva do autoconhecimento. O "self ideal" e o "self real". O *self* seria esse autoconceito e percepção que a pessoa tem de si mesma, porém, muitas vezes nosso self ideal, idealizando aquilo que gostaríamos de ter/ser, não condiz com o self real, que é exatamente aquilo que ele é e tem. Esse conflito entre o ideal e o real é o que muitas vezes chamamos de self distorcido, o que, em termos mais gerais, nada mais é que a desorganização do seu "eu", o que leva a muitas crises de identidade. Rogers conclui que a aceitação de si como se é na realidade é o indicador saudável de saúde mental.

Certo dia um crismando meu, prestes a receber o sacramento da confirmação de sua fé, o Crisma, estava se sentindo muito preso dentro de si, o que não era normal vindo dele pois sempre fora um jovem muito alegre, extrovertido, brincalhão e responsável. Porém, o novo estado emocional dele me chamou muito a atenção, como era de costume vê-lo sorrindo e fazendo os demais a sua volta rirem também. Fiquei martelando aquilo na cabeça, tentando achar respostas sobre o que lhe estava tirando a paz. Então, no momento oportuno, perguntei-lhe qual era o tamanho da pedra em seu sapato, e a resposta foi a seguinte: "Não sei a dimensão, não sei como ela veio parar no meu sapato, só sei que está incomodando muito".

Aquilo me fez refletir o quão complexo é o mundo interior do jovem e como é desafiador ao mesmo tempo vivenciar e enfrentar certas situações. Coloquei-me no lugar dele e comecei a caminhar junto com ele nessa estrada cheia de névoa em que ele caminhava – era assim que ele definia sua própria estrada. Depois de muito conversarmos sobre o que ele sentia, e o que poderia tê-lo deixado daquela forma, chegamos a uma conclusão. O que estava acontecendo é que ele estava deixando escapar sua identidade, de alguém muito alegre e responsável, para tentar se encaixar em uma realidade que estava bem distante de quem ele era. Começou a sair sem avisar, a mentir para seus pais, a frequentar locais que não lhe faziam bem, e a provar coisas que antes nem lhe passavam pela cabeça. Tudo isso estava martelando demais a sua mente, não era o que de fato ele queria, mas era o que ele achava necessário fazer para ser aceito. E, nessas horas, o que o jovem precisa é de menos julgamento e mais acolhimento. Ao entendermos que ele estava mal por causa dessas situações que fugiam ao seu verdadeiro "eu", acolhemos a necessidade de aceitação que ele buscava e fizemos uma força-tarefa, ele e eu, para buscarmos redescobrir sua identidade e a buscar situações que condiziam com aquela sua essência. Ele conseguiu. Valeu a pena!

O jovem tem uma capacidade mental admirável; a sua vida apresenta um estado de resiliência que é de deixar qualquer um boquiaberto. Mas essa capacidade só é aproveitada de maneira mais efetiva quando realmente buscamos nos autoconhecer. Sem isso é praticamente impossível entendermos onde é preciso mudar para se encontrar.

É necessário abrir os olhos para a vida, para o seu eu. Você tem de ser você e basta. Não busque ser a cópia de alguém por causa da fama ou dinheiro que aquela pessoa possui, ou simplesmente para ser aceito.

Deus não fez robôs idênticos. Deus fez seres humanos. Um totalmente diferente do outro. Cada qual com suas qualidades e defeitos, essa é a mais perfeita criação.

Após fortalecer a ideia do autoconhecimento, penso que há um segundo passo tão importante quanto esse, que é o de defender a sua essência! Ser autêntico!

2. Autenticidade

Há uma considerável diferença entre mostrar o que você tem de mais belo e deixar de ser o que se é, passando uma imagem totalmente diferente do que é realmente, só para tentar provar algo para alguém. Essa segunda prática não vem de Deus. Ele quer filhos autênticos, ele quer jovens símbolos da criação divina. Mascarar uma vida não é nada divino.

Já vi várias pessoas mascararem ser aquilo que elas falam e seus atos não condizem com suas palavras; um deve ser complemento do outro. Por isso, não basta somente saber quem você é, mas agir como você é. Não abrir mão disso é a mais pura prática de autenticidade.

Todos os dias os jovens são testados a desviar de seus propósitos, a não seguir seus valores. É exatamente nesses momentos que apenas se conhecer não é tudo, precisamos nos reafirmar e fazer valer cada vez mais nossos valores. Autoconhecimento e autenticidade precisam caminhar juntos.

Um jovem, também da Crisma, um dia contou na turma a seguinte história: após muitos meses desafiando seus valores e indo em busca de diversos tipos de prazer e felicidades rasas, ele precisou de ajuda. O que o fez despertar foi olhar para o lado e não ver nenhum dos "amigos" que ele tanto considerava importantes. Logo ele, que tinha arriscado tanto para estar naquela situação. A ajuda que ele de fato precisava não iria vir dali. A ajuda dele precisava ser de outras dimensões. Espiritual e psicológica. E aqui deixo claro que ambas podem caminhar juntas, não há nenhum impedimento para isso, desde que cada coisa seja realizada de forma a não querer invadir e sobressair à outra. Ele entendeu que a sua identidade tinha sido abalada, mas não foi perdida; ele estava disposto a reconquistar a sua essência. É bom ver esse caminho de volta acontecendo!

Ao dar esse testemunho, esse jovem conseguiu validar na turma a importância de não fugir de seus valores, e, se isso um dia acontecer, podemos repensar e voltar atrás. Não precisamos sofrer eternamente por um erro que nos desconectou de nós mesmos. Temos a possibilidade de reencontrar nossa essência, se isso for necessário.

Essa dinâmica da juventude é o que me deixa cada vez mais com ânimo de me encontrar com essas realidades. Sem romantização. É lindo ver jovens que entendem qual seu propósito de vida, quais seus valores, e que caminho tomar quando algo dá errado nesse processo.

Uma atividade que eu gosto muito de trabalhar com os jovens que reforçam a questão da autenticidade é um complemento de saber "Quem eu sou". Se servir de ajuda para fortalecer sua autenticidade, tente responder à seguinte questão: "Quem eu não quero ser?". Quando entendo bem aquilo que eu não quero me tornar, desviar-me do meu caminho se torna algo mais difícil. Eu estou alinhado com o que sou e com o que eu não quero ser, assim, consigo reforçar cada vez mais a minha identidade.

Autenticidade tem tudo a ver com verdade. Ser de verdade. Ser real. E ser de verdade não significa ser perfeito! Não há perfeição quando falamos de personalidade. E, quem esperar ser perfeito, nunca irá se encontrar de verdade. Quando assumimos nossas imperfeições, damo-nos conta das nossas fragilidades, do que precisamos reforçar ou não. Esse é o melhor caminho, mesmo não sendo o mais fácil.

Quando vamos rolando nosso *feed* no Instagram, Facebook ou outras redes sociais, nos deparamos com um recorte da vida de alguém. Seja em fotos ou pequenos vídeos, ali está um pouco da vida da outra pessoa. Seja ela real ou não, acompanhar a vida do outro tem sido uma atitude cada vez mais usual da nossa parte. Queremos saber o que estão vestindo, para onde viajaram, o que estão fazendo... passamos horas alimentado nossa necessidade de visualizar recortes da vida das outras pessoas. Onde mora o risco disso?

Quando há jovens que não conseguem estabelecer bem sua autenticidade, a do outro lhe parece sempre melhor. E é observando o recorte feliz da vida do outro que vou observando que aquilo me falta, que eu quero ser exatamente assim, que eu quero muito ter aquilo também... eu quero ser o outro, eu me trocaria por alguém mais feliz.

Diariamente, se não tivermos cuidado, matamos nosso eu interno no desejo de ser o outro. Cuidado ao viver rolando a vida dos outros nas telas!

3. Errar faz parte

Um dos pontos mais importantes quando eu converso e ajudo um jovem nessa construção de autoconhecimento e com a reafirmação é que iremos errar muito até acertarmos, e que é exatamente isso que faz o processo ser tão importante quanto o resultado.

Ninguém jamais começou a andar de bicicleta logo na primeira tentativa sem levar uma queda. Ninguém jamais bateu um recorde mundial sem ter tentado inúmeras vezes bater o próprio recorde. Tudo é uma construção. Tudo na vida é um processo. E não seria diferente no desenvolvimento de um ser humano.

Vivemos em uma sociedade cada vez mais intolerante com o erro. Aprendemos desde a infância que é extremamente errado cometer erros. Fomos educados com punição ao erro. Nossa relação com o erro está adoecida. A supervalorização do acerto faz com que tenhamos pavor de errar qualquer passo que seja, e, quando isso acontece, adoecemos, ficamos irados, nos culpamos e nos desvalorizamos.

A juventude é um processo de erros frequentes. Erramos com nossos familiares, com nossos amigos, com nossos relacionamentos amorosos, com nosso futuro, e com tantas outras coisas que acabaria dando uma lista enorme. Se pararmos para compreender como o efeito da punição pelo erro é avassalador na vida de um jovem, ao deparar com essa lista enorme de situações, podemos entender o porquê de haver tanto desequilíbrio em sua vida. O medo de errar lhe tira qualquer estabilidade emocional.

Errar faz parte! Essa é a premissa mais importante para buscar a autenticidade. Não ter medo de ser você, não ter medo de errar e se reconstruir quando for preciso. Se cada jovem pudesse se olhar com mais empatia diante do erro, entenderia que a vida não é tão dura quanto pensa, entenderia que as coisas não têm o peso que ele imagina ter.

Uma paciente um dia me contou o quanto essa pressão que ela mesma se colocava em tudo que se prestava a fazer estava acabando com ela aos poucos. Havia três anos seguidos que ela estava tentando passar no Enem para medicina e, simultaneamente, estava estudando para concursos, buscando alguma fonte de renda, tudo ao mesmo tempo e não conseguia fazer nada com calma, com paciência. Ela estava vivendo como uma panela de pressão, prestes a estourar a qualquer momento. Esse comportamento de autocobrança sempre foi reforçado por todos à sua volta. Cada tentativa de fazer a avaliação era frustrante, algo imperdoável para ela. Culpava-se bastante, se definia da pior forma possível, ela não era suficiente para ela mesma. Não aceitava falhar! Errar qualquer coisa era um castigo enorme para ela. E ela só tinha vinte e três anos de idade. O que seria dela aos trinta, quarenta, se continuasse vivendo dessa forma?

Entender que errar faz parte nos ajuda a chegar ao acerto de uma forma mais fácil e leve. Entrar na pilha do erro faz com que eu me cegue ao que é mais importante, a certeza de que eu sou capaz, independentemente do tamanho daquilo que eu idealizo. A forma como eu encaro o erro me ajuda a não errar mais. Claro que podemos ficar tristes e frustrados em alguns momentos, mas nos paralisarmos vai ajudar em quê?

Quando construímos nossa identidade de forma autêntica, entendemos que o erro se fez presente em vários momentos do nosso processo... nossos valores são construídos dessa forma. Quando erramos algo e isso não nos fez bem, criamos um aprendizado e não queremos repetir o erro. Assim vamos montando nossa fortaleza, tijolo por tijolo.

4. Saber pedir ajuda

É burrice tentar enfrentar sozinhos certas coisas na nossa vida. Há momentos em que precisamos reconhecer as nossas fragilidades. De nada vai adiantar eu buscar me conhecer, tentar ser autêntico, e não saber reconhecer quando necessito do suporte de alguém. Há caminhos que precisamos trilhar de mãos dadas com alguém que nos fortaleça.

É importante ressaltar isso, pois vejo muitos jovens com a síndrome do super-herói, que nada mais é que aquele comportamento egocêntrico de se achar autossuficiente em tudo. E não é por aí.

Costumo dizer que o ser humano foi feito para necessitar do outro. Ninguém consegue ser tão solitário e soberano assim. Precisamos reconhecer quando não estamos bem e, com pessoas adequadas, buscar esse apoio.

O ser humano, independentemente de sua idade, precisa estar bem em várias dimensões. O equilíbrio precisa estar na dimensão psíquica, espiritual, familiar, social, amorosa e de realizações pessoais. Qualquer desequilíbrio em alguma dessas dimensões pode afetar qualquer outra. Por isso, a mente de um jovem não é algo tão simples de entender. Com tantos conflitos, é comum que esses desequilíbrios sejam constantes.

Quando eu busco me entender, consigo identificar com mais clareza qual ou quais dimensões estão em desordem, e assim buscar ajudas apropriadas para isso... seja de um líder religioso, de um psicólogo, de um psiquiatra, de um parente, de um *coach*... enfim, ajuda é sempre bem-vinda, quando procuramos no lugar certo. Não precisamos bancar os maiorais e tentar resolver tudo sozinhos.

Saber pedir ajudar é se colocar na mais humilde posição humana, é a posição do não orgulho, da não soberba.

Hoje, com o costume de atender a adolescentes e jovens, vejo o quanto é necessário ouvirmos mais essa juventude, sem julgamentos prévios, pois é isso que muitas vezes impede que o jovem busque algum tipo de ajuda: o medo de ser condenado por algo que já o faz sofrer bastante.

Para você, adulto, que está lendo este texto, a matemática é simples! Se eu acolho, eu consigo me aproximar e assim consigo ter a confiança para ajudar aquele jovem que tanto precisa. Se eu julgo, eu o afasto, e não consigo ajudá-lo em nada.

Você, jovem, que está lendo este texto, entenda que você é um ser incrível, em plena construção, que é capaz de errar e de aprender com o erro; que pode ser feliz, divertido, autêntico, sem perder a sua própria essência. Que buscar se conhecer é um caminho importante para se sentir mais confiante em si. Entenda que buscar sempre agradar aos outros não o fará feliz, que a felicidade está distante das telas, da necessidade de ter. Se perdemos nossa essência, podemos reconquistá-la, basta dar o primeiro passo para isso!

A juventude é a fase que podemos comparar com o amanhecer do dia; é a fase que exala esperança, transparece alegria, alegria essa que temos de sobra. E, assim como as abelhas, que precisam ir buscando e semeando o pólen de uma flor a outra, o jovem tem essa façanha de ir semeando a alegria que carrega a cada canto que vai.

5. Separe o joio do trigo

Uso essa expressão para exemplificar que podemos e devemos cortar coisas, situações e relações que não nos acrescentam nada. Talvez esse seja o estágio final para conseguir se conectar consigo mesmo. Cortar aquilo que não nos faz bem!

Por causa daquela necessidade de agradar, de ser aceito, de fazer tudo o que o outro faz, muitos jovens acabam se colocando em situações e relações extremamente tóxicas e nocivas para seu bem-estar. Alerta de Perigo! Deixar de ser você próprio é um veneno arriscado que se toma sem nem perceber.

Depois de todo esse processo de autoconhecimento, reforço de sua autenticidade, compreender seus erros e falhas, e saber buscar a ajuda ideal, é importante restabelecer seu novo "eu". Passar por tudo isso e permanecer a mesma pessoa, não dá! Precisamos ousar, quebrar alguns ciclos que nos aprisionaram da pior forma. O desagradar tem um preço alto, mas é libertador.

Quando o meu crismando me relatou sobre suas amarras, sobre as pessoas que o influenciaram a se distanciar da sua essência, ele compreendeu que, para ser novamente aquela pessoa feliz, precisava quebrar aquele ciclo, necessitava dar um basta naquela realidade que não lhe pertencia.

Coragem! A sua essência precisa da sua coragem para que você volte a respirar tranquilamente. Não tenha medo desse conflito.

Às vezes nos acomodamos com a situação caótica em que nossa vida se encontra. Tem jovem que prefere ficar nessa realidade, outros não têm força para sair dela. Coragem! Essa não é a direção! Mude a rota, retorne a você mesmo.

Em muitos momentos da minha vida eu precisei recalcular a rota, olhar para dentro de mim e entender que o jovem que eu queria efetivamente ser não correspondia àquele que o mundo me levava a ser. Eu tenho o compromisso comigo mesmo de ser melhor a cada dia. Mesmo me permitindo errar, eu não posso esquecer do meu propósito, que é ser melhor a cada dia, em pequenos passos. Nem que para isso eu precise cortar algumas relações que me distanciam do meu propósito, dos meus valores. Sigo em construção.

Com tantas informações e novas realidades que o mundo vem nos trazendo, precisamos estar muito conectados com nossos valores. Não negocie seus valores, não abra mão deles. No fundo, seus valores são o seu maior tesouro!

A espiritualidade do Sagrado Coração de Jesus impulsiona nossa missão de compaixão pela humanidade

Pe. Frédéric Fornos, SJ[1]

Introdução: Evangelho do paralítico

Você se lembra da história daquele homem paralítico que, com a ajuda de algumas pessoas, foi levado em uma maca e, com muito esforço, conseguiram descê-lo pelo telhado da casa onde Jesus estava, colocando-o bem no meio do local, diante dele? (Lc 5,17-26). Você se lembra do que o homem paralítico disse às pessoas para que o levassem até Jesus? Vamos dedicar um tempo para relembrar essa história.

Ele pediu para ser levado até Jesus para ouvi-lo ou ser curado por Ele? Ou ele gritou "Tenha piedade de mim, Filho de Davi"? Ele não disse nada. Ele não pediu nada. De qualquer forma, a história não menciona nada. No entanto, os

---

1. É jesuíta, Diretor Internacional da Rede Mundial de Oração do Papa (Apostolado da Oração e Movimento Eucarístico Jovem) e foi Delegado do Diretor-Geral do Apostolado da Oração de 2014 a 2016. Possui experiência de voluntariado na Amazônia. Desde 2014 sua missão é acompanhar o processo de recriação do Apostolado da Oração como Rede Mundial de Oração do Papa. É responsável pelo projeto "O Vídeo do Papa" e pela plataforma de oração do Papa "Click To Pray".

Evangelhos não nos dizem que ele era mudo, mas "paralítico". Ele não podia se mover.

O Evangelho de Lucas nos diz: "vieram uns homens carregando um paralítico numa maca", e o evangelista Marcos especifica: "um paralítico carregado por quatro homens". Quem são eles? São amigos, conhecidos dele? Não sabemos. Mas provavelmente essas pessoas fizeram o esforço de carregá-lo na maca até Jesus, apesar da multidão e das dificuldades, descobrindo o telhado e descendo-o, porque acreditavam ou tinham fé que Jesus poderia fazer algo por ele, talvez até curá-lo.

Por que estou relembrando essa história? Porque é a nossa história. É isso que fazemos todos os dias na Rede Mundial de Oração do Papa. Porque conhecemos Jesus; porque experimentamos seu amor, seu perdão, fomos libertados, curados e até salvos por Ele; porque experimentamos que encontrar Jesus transforma a vida, nossa vida, e também desejamos que outros possam encontrá-lo, especialmente todos aqueles que sofrem, que estão na escuridão e na desolação, aqueles que estão na solidão e têm sede de ternura e amor.

É por isso que todos os dias oramos; oramos por pessoas como aquele paralítico, por pessoas que não nos pedem nada, que talvez nem conheçam Jesus, mas oramos por elas, porque a Igreja, através das intenções do Papa, as confia às nossas orações. Oramos com perseverança, tornando-nos disponíveis através da oração de oferecimento, e, como aquelas pessoas que carregavam a maca, carregamos em nossas orações muitos homens, mulheres, crianças, desafios da humanidade! Através de nossas orações, levamos todos eles "bem para o meio, diante de Jesus", ao Coração de Jesus, para que Ele se aproxime de seus sofrimentos, abrace-os com sua ternura, os cure e os salve. Essa é a missão de compaixão que vivemos todos os dias e que tem sua fonte no Coração de Jesus. Através de nossas orações, levamos os desafios do mundo a Jesus, ao seu coração compassivo.

É sobre isso que vou falar nesta comunicação:

1. Primeiro, lembrarei o fundamento espiritual de nossa missão: o Coração de Jesus.
2. Em seguida, observarei como o Apostolado da Oração compreendeu a espiritualidade do Coração de Jesus.
3. Finalmente, falarei sobre como hoje ela é uma fonte espiritual que dinamiza nossa missão, nos impulsionando a uma missão de compaixão pela humanidade.

1. A devoção ao Coração de Jesus, uma fonte de água viva

A devoção ao Coração de Jesus tem uma longa história. Pensemos no "coração transpassado de Jesus" no Evangelho de São João, interpretado na mística medieval como a ferida que manifesta a profundidade do amor de Deus. Essa devoção também foi alimentada pelas revelações de Santa Margarida Maria Alacoque, uma religiosa visitandina, no século XVII, e pelo culto subsequente ao Sagrado Coração. A partir do século XIX, o Apostolado da Oração interpretou essa devoção sob uma perspectiva apostólica, tornando-a conhecida em dezenas de milhares de paróquias ao redor do mundo. Mais recentemente, a Divina Misericórdia foi destacada com Santa Faustina Kowalska, no século XX.

A devoção ao Coração de Jesus e a Divina Misericórdia têm a mesma fonte: lembrem-se dos dez leprosos que, segundo o Evangelho de Lucas, encontraram Jesus e clamaram: "Jesus, Mestre, tem compaixão de nós!" (Lc 17,13). Esses homens, rejeitados por todos, doentes, desesperados, clamam o nome de Jesus, "Iéshoua", que significa "Deus salva". Esse clamor também é uma oração, que o Oriente cristão chama de "oração de Jesus", e que deve ser repetida indefinidamente: "Jesus, tem piedade de nós" ou "Kyrie Eleison", para que nosso coração seja preenchido com sua presença.

Jesus, diante de seu apelo, seguindo a Lei de Moisés (Livro do Levítico), pede-lhes que vão ver os sacerdotes para que possam constatar sua cura. Imaginem esses infelizes leprosos, ainda não curados, que se põem a caminho confiando apenas em sua palavra. O relato nos diz que, no caminho, eles foram purificados. **Eles experimentam a misericórdia de Deus, a Divina Misericórdia.**

Um deles, vendo que está curado, em vez de continuar seu caminho e voltar para casa, retorna para se prostrar profundamente aos pés de Jesus e dar glória a Deus. Esse homem, esse estrangeiro, rejeitado por todos, que experimentou a misericórdia de Deus, **reconheceu a fonte dessa misericórdia, o Coração de Jesus.** Todos foram curados, mas apenas ele, que reconheceu a fonte no Coração de Jesus e veio se prostrar e agradecer a Deus, foi salvo: "Levanta-te! Vai! Tua fé te salvou" (Lc 17,19).

Esse relato, à luz do Evangelho, nos fala da complementaridade entre a devoção ao Coração de Jesus e a Divina Misericórdia. São maneiras diferentes de falar da mesma fonte: a altura, a largura, a profundidade do Amor de Deus manifestado em Jesus Cristo.

Ao longo da história, houve várias inculturações dessa devoção, em diversas formas e linguagens, através das quais o Pai nos revela em Jesus a profundidade do mistério do Seu Amor. O Apostolado da Oração é uma dessas formas. Isso sem contar as últimas encíclicas sobre o Sagrado Coração, como a do Papa Pio XII, de 1956, *Haurietes aquas*; e *Dives in Misericordia*, de São João Paulo II. O Papa Francisco instituiu um Jubileu da Misericórdia e destacou que "o Coração de Cristo é o centro da misericórdia". É natural que surjam novas linguagens e novas maneiras de falar sobre o mesmo mistério do Amor, pois o Senhor continua a agir hoje como ontem, abrindo novos caminhos para despertar nossos corações e comunicar essa boa nova àqueles que têm olhos para ver, ouvidos para ouvir e um coração para sentir.

Recentemente, o Papa publicou uma carta apostólica, por ocasião do Jubileu do Coração de Jesus, que celebra o 350º aniversário da manifestação do Coração de Jesus a Santa Margarida Maria Alacoque em 1673, origem da festa do Sagrado Coração. O jubileu terminará em 27 de junho de 2025. Na abertura do Jubileu do Coração de Jesus, em 27 de dezembro de 2023, o **Santuário de Paray-le-Monial aderiu à Rede Mundial de Oração do Papa**.

Isso não é surpreendente, visto que a missão da Rede Mundial de Oração do Papa, conhecida como Apostolado da Oração, tem laços privilegiados com Paray-le-Monial, o Santuário do Coração de Jesus. Não só foi com a ajuda de São Cláudio La Colombière, jesuíta, que Santa Margarida Maria Alacoque fez conhecer a profundidade da misericórdia do Coração de Jesus, mas também, em sua última visão (em 1688), reconhecida pela Igreja, o Senhor confiou às Irmãs da Visitação e aos Padres da Companhia de Jesus a tarefa de transmitir a todos a experiência e a compreensão do mistério do Sagrado Coração. Duzentos anos depois, a Companhia de Jesus aceitou oficialmente essa "missão agradável" (*munus suavissimum*), pelo decreto 46 da 23ª Congregação Geral (1883), e a confiou, pelo decreto 21 da 26ª Congregação (1915), ao Apostolado da Oração, hoje Rede Mundial de Oração do Papa. O Pe. Peter-Hans Kolvenbach, SJ, que foi Superior-Geral da Companhia de Jesus, disse claramente: "Foi em 1915 que a 26ª Congregação Geral quis ligar solenemente a promoção da devoção ao Coração de Jesus ao Apostolado da Oração". **O Apostolado da Oração é o meio privilegiado que a Companhia de Jesus escolheu para cumprir essa missão.** Lembro isso porque essa obra, hoje uma Obra Pontifícia, conhecida como Rede Mundial de Oração, foi confiada pelo Papa à Companhia de Jesus.

2. Próximos do Coração de Jesus, disponíveis para sua missão

Foi nesse contexto que nasceu o Apostolado da Oração, e é por isso que, ao longo de seus 180 anos, esse serviço eclesial aprofundou a devoção ao Coração de Jesus, que é seu fundamento espiritual. O Pe. François-Xavier Gautrelet, jesuíta francês que iniciou esse apostolado em 1844, estava marcado por isso. Não é à toa que, a partir de 1861, o Pe. Henri Ramière, jesuíta e diretor do Apostolado da Oração, começou a publicar na França o *Mensageiro do Coração de Jesus*, uma revista que rapidamente se difundiu no mundo, alcançando uma rede de mais de 13 milhões de membros. **Ele articulou claramente a missão do Apostolado da Oração à devoção ao Coração de Jesus, numa perspectiva missionária.** Assim, a partir de 1879, as intenções de oração que o Papa confia ao Apostolado da Oração se inscrevem, através da oração de oferenda e da união ao Coração de Jesus, nessa disponibilidade apostólica.

O Pe. Henri Ramière, SJ, que sucedeu ao Pe. Gautrelet, falava da "Santa Liga dos Corações cristãos unidos ao Coração de Jesus". Hoje, falamos de uma "rede de corações unidos ao Coração de Jesus". O Pe. Ramière pode ser considerado o segundo fundador, porque, como teólogo, ele refundou o Apostolado da Oração, dando-lhe um novo dinamismo ao ligá-lo à devoção ao Coração de Jesus. Mesmo que naquela época o culto ao Sagrado Coração fosse muito presente na França, o Pe. Ramière teve de usar toda a sua inteligência espiritual e seu dom de escrita para persuadir os membros do Apostolado da Oração de que sua experiência estava fundamentada na espiritualidade do Coração de Jesus.

Além disso, na publicação do *Mensageiro do Sagrado Coração de Jesus*, ele começou a convidar as pessoas a rezarem pelas intenções do Coração de Jesus. Foi a partir de 1879 que as intenções de oração passaram a ser formuladas mensalmente pelo Papa e confiadas ao Apostolado da Oração. Ramière então mostrou que essa oração era apostólica e aberta ao mundo e que, pela oração de oferecimento, nós nos unimos ao Coração de Jesus a serviço de sua missão.

A oração de oferecimento faz parte do Apostolado da Oração desde o início. O Apostolado da Oração nasceu em Vals-près-le-Puy, em 3 de dezembro de 1844, com a iniciativa do Pe. François-Xavier Gautrelet, SJ, de ajudar os estudantes a rezarem pela missão da Igreja e a oferecerem ao Senhor seu trabalho e atividades como uma participação nessa missão. Isso era o que Santo Inácio pedia em sua carta aos jesuítas de Coimbra, em maio de 1547.

Como o Pe. Gautrelet era jesuíta, **ele foi profundamente influenciado pelos *Exercícios Espirituais* de Santo Inácio**. Podemos considerar que a oração que ele propunha aos estudantes jesuítas era uma maneira de entrar na dinâmica apostólica proposta pela meditação do chamado do "Rei eterno" ("Eis-me aqui, Senhor" – *Exercícios* 91), que leva ao oferecimento pessoal ("Tomai, Senhor, e recebei…" – *Exercícios* 234).

O Pe. Henri Ramière, SJ, que tinha sido um de seus estudantes, formalizou o Apostolado da Oração, com uma abordagem cristológica e espiritual clara, na dinâmica do Coração de Jesus. Ele aprofundou a intuição dos primórdios. A oração proposta não estava então unicamente ligada ao oferecimento dos estudos, do trabalho e das atividades, mas também a uma intenção de oração pela missão da Igreja, uma oração de intercessão unida ao Coração de Jesus. É uma verdadeira colaboração ao Reino de Cristo que ele propõe. Ele deseja unir os católicos do mundo inteiro em uma oração apostólica para que "venha o seu Reino!". É isso que ele apresenta em seu livro sobre o Apostolado da Oração, de 1861, descrevendo uma rede de intercessão a serviço da missão da Igreja.

Ao mesmo tempo que inscreve claramente o oferecimento diário, unido ao Coração de Cristo, em uma perspectiva apostólica, ele mostra que **não é apenas a oração que é apostólica ou missionária, mas toda a nossa vida**. O que ele chama de "oração e zelo" (significando atenção, diligência, compromisso), nós chamamos hoje de "oração e ação", pois a verdadeira oração nos dispõe à ação, ela nos abre aos outros e ao mundo. Pela oração de oferecimento, nos tornamos disponíveis para a missão de Cristo.

Por isso, quando colocamos por escrito o fruto de quatro anos de consultas em nível mundial e de discernimento para a recriação do Apostolado da Oração, intitulamos o documento: "Um caminho com Jesus, em disponibilidade apostólica" (2014). **De fato, a oração de oferecimento diário, unida a uma intenção de oração, nos conduz a essa atitude interior de disponibilidade para a missão.**

Um parêntesis. Mencionei o processo de recriação do Apostolado da Oração, iniciado em 2009, e refundado como Rede Mundial de Oração do Papa. Permitam-me compartilhar uma pequena história. Quando o Pe. Adolfo Nicolás, SJ, pediu para iniciar essa recriação, empreendemos um diagnóstico desse serviço eclesial ao redor do mundo, buscando perceber o que era o seu coração.

Obviamente, a espiritualidade do Coração de Jesus é o fundamento espiritual. Durante muitos anos, muitos vinham buscar esse poço para se reabastecer com sua água viva e fresca, como essa "fonte de água jorrando para a vida eterna" de que Jesus fala à Samaritana junto ao poço de Jacó (Evangelho segundo São João, 4,1-30). No entanto, notamos que, após tantos anos, em muitos lugares, o poço havia se tornado de difícil acesso para a maioria. Estava como que escondido no meio de uma floresta densa, invadido por arbustos e trilhas sinuosas, das quais apenas alguns fiéis conheciam o caminho. Eles mantinham a lâmpada acesa, mas, para a maioria, o caminho era indecifrável, a linguagem incompreendida, o tesouro invisível.

Muitos de vocês fazem parte desses fiéis que, com a lâmpada acesa, conhecem o caminho há muito tempo. Com a recriação do Apostolado da Oração, desejamos, ajudados pelo Espírito do Senhor, abrir caminhos, traçar marcos, colocar indicações, fornecer bússolas, para que todos possam encontrar facilmente o poço de água viva, a fonte do Coração de Jesus, como a tradição do Apostolado da Oração nos transmitiu.

A oração de oferecimento diário nos abre a uma atitude de disponibilidade interior para a missão, que se traduz em abertura de coração e docilidade ao Espírito do Senhor. Ela tem sua origem em um profundo amor pessoal por Jesus Cristo, que se insere na dinâmica do Coração de Jesus.

O Pe. Ramière sintetiza o Apostolado da Oração em três características: "a oração, como meio de ação universal"; "a associação, como condição necessária para a eficácia da oração"; "a união ao Coração de Jesus, como fonte de vida da associação". Dizer, como ele, que o Apostolado da Oração é a "Santa Liga dos Corações cristãos unidos ao Coração de Jesus" equivale a usar a expressão atual "Uma rede de corações unidos ao Coração de Jesus".

Essa rede de corações se tornou hoje a Rede Mundial de Oração do Papa, à qual o Santo Padre confia suas intenções de oração, que nos dão a conhecer os desafios da humanidade e da missão da Igreja. Desafios que são fruto de seu discernimento orante de alcance universal, encarnam as intenções do Coração de Jesus, e nos convidam a nos comprometermos pela oração e ação. Fazer parte dessa rede de oração nos leva a nos tornarmos disponíveis para a missão de compaixão de Cristo pelo mundo.

O Caminho do Coração, uma missão de compaixão pelo mundo

Ninguém é convencido de que Cristo é uma boa notícia por discursos, tratados ou documentos. Quando alguém o encontra pessoalmente, isso muda tudo. Existem experiências que transformam nossa vida. *O Caminho do Coração* é uma delas. Ele atualiza a devoção ao Coração de Cristo em uma perspectiva apostólica e apresenta de maneira coerente o tesouro do Apostolado da Oração à luz dos *Exercícios Espirituais* de Santo Inácio de Loyola.

Vou contar uma experiência pessoal. Quando meu Provincial me pediu, em 2007, para refundar o Apostolado da Oração na França, onde praticamente havia desaparecido, ele me disse que essa missão envolvia as intenções de oração do

Papa e a devoção ao Coração de Jesus. Depois, ele me aconselhou a me apoiar na minha experiência dos *Exercícios Espirituais* de Santo Inácio. No início, foi um choque, pois, naquela época, eu tinha uma imagem negativa de tudo o que estava relacionado ao Sagrado Coração, com suas imagens sulpicianas e a linguagem de outro século que não me dizia nada. Eu não tinha nenhum desejo de me ocupar dessa missão. Mas descobri que a **experiência dos *Exercícios Espirituais*** que eu havia vivido durante 30 dias de oração e silêncio me fez descobrir toda a altura, profundidade e largura do Amor de Deus manifestado em Jesus Cristo. Eu havia crescido em um conhecimento interior de Cristo, com um grande desejo de amá-lo e segui-lo mais de perto, de alcançar o Amor (*Ad Amorem*) em comunhão com toda a Criação, como nos convida Santo Inácio. Percebi então que essa experiência, mesmo que Santo Inácio não usasse o vocabulário do Coração de Jesus, correspondia a esse tesouro espiritual que se expressou na história da Igreja de múltiplas maneiras. Isso me ajudou a não me apegar à forma, às linguagens, às práticas que podem mudar, mas ao essencial, ao Coração de Jesus, que é fiel e não muda. Quando me tornei diretor internacional, mantive essa experiência em mente, para que, com as diversas equipes ao redor do mundo, pudéssemos encontrar linguagens e caminhos que alcançassem as novas gerações hoje, de acordo com as diversas culturas, para que o tesouro espiritual do Apostolado da Oração fosse conhecido.

Viajando por mais de 70 países, descobri homens e mulheres generosos, fiéis ao Coração de Jesus, que, **invisíveis aos** olhos do mundo, continuam dia e noite, em oração, a manter a lâmpada acesa até que o "Reino de Cristo venha", como pedimos no Pai-nosso. Seja aqui no Nordeste do Brasil, no México junto aos indígenas ou no Norte de Kivu, no Leste do Congo ou em Moçambique, Madagascar, Filipinas e em tantos outros lugares, encontrei grupos do Apostolado da Oração que rezavam de todo o coração pelas intenções de oração do Papa, unidos ao Coração de Jesus. Nesses lugares, onde muitas vezes eles só tinham seus corações e mãos para rezar, o Senhor ressuscitado se fez presente de maneira evidente. Essa luz nos sustentou e inspirou para que **esse tesouro espiritual pudesse também alcançar os mais jovens, especialmente o MEJ**. Esse tesouro é o que apresentamos hoje no contexto de um itinerário espiritual chamado O Caminho do Coração. Ele nos leva para mais perto do Coração de Cristo, tornando-nos disponíveis para sua missão, uma missão de compaixão pelo mundo.

Esse é o fundamento espiritual de nossa missão, por isso é também nosso itinerário de formação. Ele convida, em nove etapas, que correspondem às nove primeiras sextas-feiras do mês, a nos tornarmos disponíveis para a missão da Igreja, uma missão de compaixão pelo mundo. Nove meses, pois trata-se de um nascimento mais próximo do Coração de Jesus, para nascer para a vida do Espírito.

O Caminho do Coração nos ajuda a perceber os desafios do mundo com os olhos de Jesus Cristo, para nos mobilizarmos a cada mês, na docilidade ao Espírito Santo, pela oração e serviço. Unidos ao Coração de Cristo, percebemos suas alegrias e suas dores pelo mundo, o que nos leva a nos comprometermos com Ele, mais próximos de seu Coração, pelos desafios da humanidade e da missão da Igreja que as intenções de oração do Papa formulam a cada mês. Ele nos transforma cada dia mais em apóstolos da oração, para sair da globalização da indiferença, ampliando nosso coração para uma missão de compaixão pelo mundo.

Esse programa de formação é a bússola de nossa missão. É o fruto de uma dezena de anos de trabalho em equipe internacional, de maturação na oração e de diversas experiências no contexto de retiros espirituais. As 9 etapas do Caminho do Coração, que chamamos de "passos", pois é um caminho a ser percorrido, estão inseridas no processo de disponibilidade para a missão proposto pelo Papa Francisco na encíclica *Evangelii Gaudium*, "A Alegria do Evangelho". Cada uma das 9 etapas é composta por 9 entradas (bíblica, inteligência da fé, vida espiritual, oração, palavras do Papa etc.). Onze livros foram publicados em várias línguas, e a versão francesa está em processo de tradução. Embora esses livros possam ser lidos e meditados, O Caminho do Coração é, antes de tudo, uma experiência espiritual que se vive pessoalmente e com outros no contexto de um retiro espiritual. Assim, não é apenas um itinerário espiritual que dispõe a uma experiência pessoal de encontro com Cristo, mas também um itinerário catequético e uma maneira de viver e celebrar na Igreja. Ele é marcado por uma eclesiologia sinodal, a serviço de uma missão comum, como convida claramente a intenção de oração deste mês de outubro: "Rezemos para que a Igreja continue a apoiar de todas as formas um modo de vida sinodal, sob o signo da corresponsabilidade, promovendo a participação, a comunhão e a missão partilhada entre sacerdotes, religiosos e leigos".

Os Estatutos da Rede Mundial de Oração do Papa nos lembram disso (Art. 4). Através do Caminho do Coração,

> desperta-se a vocação missionária do batizado, permitindo-lhe colaborar, na sua vida quotidiana, com a missão que o Pai confiou ao seu Filho [...].É um processo espiritual estruturado pedagogicamente para que cada um se identifique com o pensar, o querer e os projetos de Jesus. Desse modo, a pessoa batizada propõe-se a acolher e servir o Reino de Deus, motivada pela compaixão ao estilo do Filho de Deus. Este percurso torna-a disponível para a missão da Igreja (Art. 5).

Quanto mais nos aproximamos do Coração de Jesus, mais percebemos suas alegrias e seus sofrimentos pelos homens, mulheres e crianças deste mundo; e reconhecemos sua presença hoje, como ontem, atuando no mundo; somos menos indiferentes ao que nos rodeia e desejosos de nos engajar com Jesus Cristo no coração do mundo, a serviço de sua missão de compaixão.

O Caminho do Coração nos conduz ao Coração de Jesus, a conhecê-lo intimamente, pois se apoia em dois pilares: **a oração à luz do Evangelho e a releitura espiritual**.

Ouvir o Senhor, permanecer em sua Palavra (Jo 15) é o fundamento do Caminho do Coração. Como conhecer o coração do Senhor se não me sento a seus pés para ouvi-lo? (Lc 10,38-42). Ao longo dos nove passos, sou convidado a me tornar amigo de Jesus, a ouvi-lo, a observá-lo agir, a estar com ele durante o dia e a vigiar com ele durante a noite, até conhecer seu coração e me decidir por Ele. Somente o Evangelho nos revela quem é Jesus Cristo. **O Evangelho é o Coração de Jesus**.

Ele nos ajuda a ajustarmos nosso coração ao Coração de Cristo. O discípulo que Jesus mais amava, aquele que conhecia melhor o Coração de Jesus, que se inclinou para ele (Jo 13,23), também foi o primeiro a reconhecer Jesus ressuscitado à beira do lago da Galileia (Jo 21,7). Somente aquele que ama reconhece o amado.

O Pe. Pedro Arrupe, SJ, superior geral da Companhia de Jesus, deixou uma oração que reflete seu compromisso de seguir Jesus segundo sua maneira de agir. Sua vida era centrada no Coração de Jesus. Aqui está um trecho que mostra como **contemplar Jesus no Evangelho nos ajuda a conhecer seu coração:**

> Senhor, ao meditar sobre "nossa maneira de agir", descobri que o ideal de nossa maneira de agir era a tua maneira de agir. Dá-me este *sensus Christi* que me faça sentir com os sentimentos do teu coração, que são, no fundo, o amor pelo teu Pai e o amor por todos os homens. Ensina-me a ser compassivo para com aqueles que sofrem, os pobres, os cegos, os coxos e os leprosos. Ensina-me a tua maneira de olhar para as pessoas, como olhaste para Pedro depois de sua negação, como penetraste nos medos do jovem rico e nos corações de teus discípulos. Gostaria de te conhecer como realmente és, pois tua imagem transforma aqueles com quem entras em contato [...].

Ao permanecer na palavra de Jesus, ao comê-la para assimilá-la, é Ele que permanece em nós e nos dá a reconhecer sua presença em nossa vida. "Se alguém me ama, guardará a minha palavra, e meu Pai o amará; viremos a ele e faremos nele nossa morada" (Evangelho segundo São João, 14,23). "Permanecei em mim, permanecei no meu amor", diz ele também.

Por isso, além da meditação e da contemplação das Escrituras Sagradas, convidamos todos os dias a **praticar a releitura**, também chamada de Exame, que é uma maneira de reconhecer a presença do Senhor em nossas vidas. É a releitura diária que nos ajuda a ajustar nosso coração ao Coração do Senhor, a reconhecer o que nos abre à "vida em abundância" (Jo 15) e a afastar o que nos conduz por caminhos mortíferos por onde o inimigo da natureza humana, como diz Santo Inácio para falar de Satanás, o adversário, busca nos arrastar. Pois **o Caminho do Coração é também um caminho de combate espiritual** para evitar as armadilhas do inimigo e nos deixar transformar por Cristo como discípulos missionários, a serviço de sua missão de compaixão pelo mundo.

No passo 8 de O Caminho do Coração, intitulado "Uma Missão de Compaixão", explicamos o significado das **palavras "compaixão" e "misericórdia"**, que se encontram na Bíblia. Refletem um termo grego que significa sentirmos o sofrimento dos outros e sermos impelidos interiormente, por amor, a agir em seu favor. É um movimento que vem de dentro, das "entranhas", do "seio materno", do "coração". **É o que vemos em Jesus. Devemos sempre retornar a Ele**. Várias vezes nos é dito que Ele tem compaixão da multidão, dos doentes, dos cegos e leprosos, do homem possesso no país dos gadarenos ou da viúva de Naim, que tinha perdido o seu único filho. Jesus tem esta capacidade incrível de se comover profundamente pelos outros e aquilo que Ele sente internamente torna-se decisão, mobiliza-o, conduzindo-o à ação. Aquilo que Ele vive também é o que ensina; a parábola do Bom Samaritano é significativa nesse sentido: "Bem-aventurados os misericordiosos, pois alcançarão misericórdia" (Mt 5, 7).

Não posso aqui apresentar O Caminho do Coração que conduz à compaixão pelo mundo, ao serviço da missão de Cristo, pois é antes de tudo uma experiência espiritual. Se o seu coração permanece no Coração de Jesus, ou seja, se você permanece na sua Palavra e se deixa encontrar por Ele nos sacramentos da Igreja, você o conhece. Alguns permanecem na superfície de suas vidas, como quem permanece na superfície do oceano, no meio do barulho e das ondas, da espuma e dos ventos, mas quem permanece na profundidade, no silêncio do coração, reconhece a presença do Senhor (Jo 21).

No centro do Caminho do Coração está a Eucaristia, onde o Senhor se dá a nós para nos dar a sua capacidade de amar e despertar nosso coração para sua missão de compaixão. "Este é o meu corpo. Este é o meu sangue." Tudo está aqui. **Ele nos convida, por sua vez, a entrar nesta vida eucarística**.

Se a espiritualidade do Coração de Jesus não muda nossa vida, isso é em vão. Não adianta nos encontrarmos para tantas primeiras sextas-feiras do mês, tantas missas do Sagrado Coração, tantas adorações e rosários, se Jesus não estiver no centro de nossas vidas. Somos então como metais que ressoam no vazio, diz-nos São Paulo (1Cor 13):

> Se eu tiver o dom de profecia, souber todos os mistérios e todo o conhecimento e tiver uma fé capaz de mover montanhas, mas não tiver [o Coração de Jesus], nada serei.
> Se eu der aos pobres tudo o que possuo e entregar o meu corpo para que eu tenha de que me gloriar, mas não tiver [o Coração de Jesus], nada disso me valerá.
> [O Coração de Jesus] é paciente, [o Coração de Jesus] é bondoso. Não inveja, não se vangloria, não se orgulha. Não maltrata, não procura os próprios interesses, não se ira, não guarda rancor. [O Coração de Jesus] não se alegra com a injustiça, mas se alegra com a verdade. Tudo sofre, tudo crê, tudo espera, tudo suporta. [O Coração de Jesus] nunca passará.

A espiritualidade do Coração de Jesus nos conduz, assim, a conhecer a altura, a largura, o comprimento e a profundidade do Amor de Deus manifestado em Jesus Cristo. Viver segundo o estilo de vida de Jesus e deixar-se transformar pelo seu amor significa colocar a compaixão pelos outros e pelo mundo no centro de nossas vidas. O Caminho do Coração nos introduz nisso.

Os desafios da humanidade e da missão da Igreja

Como você compreendeu, O Caminho do Coração, que apresenta nossa maneira específica de viver a devoção ao

Coração de Jesus, é o caminho que Jesus nos propõe seguir com Ele, para amar como Ele, diante dos desafios do nosso mundo. Claro, o caminho que Ele nos convida a viver é o próprio Evangelho, mas O Caminho do Coração é uma abordagem pedagógica para nos conduzir a isso. Esta missão de compaixão pelo mundo que Ele nos convida a viver é concreta. **O Papa Francisco nos oferece, na encíclica *Fratelli Tutti*, essa maneira concreta de viver a compaixão hoje**. Nesse contexto, a compaixão é sinônimo de fraternidade, englobando as múltiplas dimensões às quais Francisco se refere em seus escritos. Basta olhar para as intenções de oração mensais e semanais que o Papa confia a toda a Igreja, bem como para os diversos temas abordados por *Fratelli Tutti*, para ver como a compaixão está ligada não só à contemplação da nossa própria realidade, mas também à fraternidade vivida no dia a dia. O Papa Francisco dedica um capítulo inteiro aos gestos do Bom Samaritano, que nos faz sair da indiferença e ir ao encontro dos outros, encarnando formas concretas de viver a fraternidade e a missão de compaixão pelo mundo.

"A compaixão não é apenas um sentimento, mas uma decisão, um critério de ação, uma maneira de agir, de ser e de olhar o mundo, como vemos no relato do Bom Samaritano", diz-nos o Passo 8 do Caminho do Coração.

É a essa compaixão que somos chamados quando o Papa nos confia cada mês suas intenções de oração, que falam dos desafios da humanidade e nos convidam a rezar e agir concretamente.

Por isso, no *Click To Pray*, todos os meses, propomos uma maneira de encarnar essa missão que o Papa nos confia na vida cotidiana, sob a forma de atitudes; em nossas vidas, em nossas comunidades, "estando abertos a uma missão partilhada com outros", "promovendo e apoiando a participação de todos", "favorecendo a escuta e o discernimento", adotando "um estilo de vida sinodal".

Missão de compaixão pelo mundo

Falar de uma "missão de compaixão para o mundo" é resumir a missão da Rede Mundial de Oração do Papa.

Missão: trata-se de ajudar a estar disponível para a missão de Cristo. A oração de oferecimento insere-se nessa dinâmica, é uma atitude de disponibilidade apostólica. Ela desperta o nosso desejo pela missão, para vivê-la segundo o estilo de Cristo. Isso implica vê-lo, ouvi-lo, desejar ajustar nosso coração ao seu Coração. De certa forma, isso evoca todo o caminho de preparação e abertura do coração que se faz ao longo dos três primeiros passos do Caminho do Coração, e que conduz à meditação do Reino, a ouvir o chamado do Senhor e a responder com generosidade.

Compaixão: a compaixão nos fala do Coração de Jesus. Nossa missão e nossa disponibilidade apostólica têm origem nessa experiência pessoal de encontro com Cristo, aproximando nosso coração do Coração de Jesus. Nossa proximidade ao seu coração nos torna sensíveis à sua alegria e ao seu sofrimento pelo mundo, ao seu amor pela humanidade. Aqui, temos de forma esquemática os três passos seguintes do Caminho do Coração, que se encontram no meio do itinerário, no mais profundo e íntimo de nossa relação com Cristo.

Para o mundo: essa missão de compaixão é para o mundo, para os desafios da humanidade e da missão da Igreja expressos pelas **intenções de oração do Papa**. Essas intenções de oração são a bússola de nossa missão, orientam nossa vida e nosso compromisso na Igreja.

De certa forma, aqui nos unimos aos últimos três passos: o encontro pessoal com Cristo, mais próximo do seu Coração, desperta nosso desejo de estar com Ele em sua missão de compaixão e nos abre aos outros e ao mundo ao qual Ele nos envia. Isso implica oferecer nossa vida como Ele, segundo seu estilo de vida, e nos deixar conduzir por Ele, dóceis ao seu Espírito.

A Rede Mundial de Oração do Papa, refundação do Apostolado da Oração, que integra o Movimento Eucarístico Jovem, insere-se hoje na dinâmica vivificante do Coração de Jesus através de seu itinerário espiritual intitulado **O Caminho do Coração, verdadeira atualização contemporânea da espiritualidade do Coração de Cristo, que nos convida a rezar e viver a compaixão de Jesus pelo mundo**. Seguindo esse caminho, transformados por seu amor, podemos nos tornar, por nossa vez, testemunhas luminosas de sua compaixão e ternura para com toda a humanidade. O mundo precisa muito disso!

Aprender com Jesus para viver em plenitude

Pe. Eliomar Ribeiro, SJ[1]

A vida plena ou o viver em plenitude supõe uma integração das várias dimensões humanas básicas: física, sensorial, emocional, mental e espiritual. Não se vive plenamente dando ênfase ou evidenciando apenas uma dessas dimensões.

O cristianismo trouxe de modo inédito e decisivo uma nova imagem de Deus e instituiu novas relações entre Deus e o ser humano. Em Jesus de Nazaré, contemplamos o rosto e o modo como Deus se relaciona com a humanidade.

Jesus ensinou muitas coisas por meio de parábolas. Era a linguagem mais fácil e a maneira mais simples de ser compreendido. Jesus se alegra em revelar as coisas do Reino e não em ocultar e complicar, como faziam fariseus e levitas. Jesus

---

[1]. Padre jesuíta, capixaba, nascido em 1965, Diretor Nacional da Rede Mundial de Oração do Papa no Brasil. Mestre em Teologia Pastoral com especialização em Juventude pela Pontifícia Universidade Salesiana de Roma. É diretor geral de Edições Loyola e da Revista *Mensageiro do Coração de Jesus*. Organizou a publicação dos livros dos Congressos Nacionais anteriores do Apostolado da Oração. É autor dos livros *365 dias com o Papa Francisco*, *365 dias com o Coração de Jesus* e *365 com a Mãe de Jesus*, publicados por Edições Loyola.

nos ensina com seu modo de ser e de agir; seus gestos e palavras são causa de alegria e contentamento, de um lado, e de ira e preocupação, de outro.

Somos discípulos aprendizes, peregrinos do Reino, atentos às mudanças de nosso tempo, abertos às novidades, sem negociar com a maldade do mundo. O Senhor nos oferece muitas chaves de sentido e de interpretação para a incrível e maravilhosa experiência que é viver: "aprendam de mim que sou manso e humilde de coração"[2], "entre vocês, quem quiser ser o maior e o primeiro, seja o servidor de todos"[3].

É sobre o modo como Jesus age que queremos refletir. Sua pedagogia própria: o que faz? A quem faz? Como faz? O que sua vida nos ensina para que possamos viver nossos dias em um mundo tantas vezes sem coração[4], marcado por fragmentações e isolamentos? Envolto em depressões e ansiedades religiosas? São inúmeros os aspectos do seu jeito de amar que podem iluminar, integrar nossas vidas e o caminhar da igreja. O modo e o estilo de Jesus podem dizer algo significativo a um mundo que parece ter perdido o sentido, o caminho e o coração.

---

2. Cf. *Mateus* 11,28-30

3. Cf. *Marcos* 10,35-45

4. RIBEIRO, ELIOMAR (Org.). *Sal da terra e Luz do mundo*. São Paulo: Loyola, 2018, 101-104.

1. Mudar o coração

Ver além do que se vê
Ouvir o que não se escuta
Feliz quem apura os sentidos
Coração vigilante e atento
Há sinais divinos em tudo!

O profeta Ezequiel revela a um povo teimoso e de cabeça dura que Deus vai arrancar-lhe um coração de pedra e colocar no lugar um coração de carne, um coração totalmente novo, refeito do jeito mesmo como Deus quer[5]. Cada processo de mudança, em geral, é lento, mas necessário. A realidade ao nosso redor, as pessoas, a compreensão e vivência da fé mudam nosso modo de estar no mundo e de nos relacionarmos com Deus. Diariamente somos chamados a viver nosso próprio encontro com Cristo, que se apresenta a nós de modos diversos, como neste relato autobiográfico do Padre José López Cepeda:

> Cerca de seis meses após minha ordenação presbiteral, meu bispo enviou-me para a paróquia do santuário de Santa Eurosia, na Espanha. Eu fui substituir um padre que estava na paróquia há 30 anos. A princípio, a experiência com a comunidade foi difícil, pois as pessoas do lugar estavam acostumadas com o antigo pároco. Mas, embora a tarefa tenha sido árdua, foi muito fecunda e não o teria sido sem a ajuda de um menino chamado Gabriel.

---

5. Cf. *Ezequiel* 36,26

Na segunda semana depois de chegar à comunidade, veio ao meu encontro um casal com seu pequeno filho, de 8 anos. O menino padecia de uma doença degenerativa nos ossos, com problemas psicomotores evidentes. Seus pais me pediram que o aceitasse como coroinha. A princípio, relutei, não por ser um menino especial, mas por causa das dificuldades do início do meu ministério junto à comunidade.

No entanto, não consegui negar o pedido, pois, ao perguntar ao garoto se ele queria ser coroinha, ele não respondeu, apenas abraçou minha cintura. Eu não resisti e pensei comigo: "Que bela forma de me convencer".

No domingo seguinte, Gabriel chegou 15 minutos antes da Missa já vestido com sua roupa própria, cujo colarinho tinha sido bordado por sua avó, especialmente para a ocasião. Sua presença trouxe mais fiéis, pois seus familiares queriam vê-lo estreando como coroinha. Eu tinha que preparar tudo para a Eucaristia. Não havia sacristão nem ajudante. Por isso, eu corria de um lado para outro antes de iniciar a Missa e percebi que Gabriel não sabia como ajudar. Com o passar do tempo, eu lhe disse: "Gabriel, tens que fazer tudo o que eu faço, está bem?".

Gabriel era muito obediente. Logo, eu comecei a notar que durante a homilia os fiéis sorriam ao vê-lo, o que alegrou o meu coração de jovem padre. Mas depois me dei conta de que, na verdade, as pessoas não estavam olhando para mim, mas para Gabriel, que imitava todos os gestos e movimentos que eu fazia.

Quando terminou a Missa, expliquei ao menino o que ele tinha que fazer e o que não tinha. Entre outras coisas, eu lhe disse que só o padre podia beijar o altar, já que, com esse gesto, o sacerdote se une a Cristo. Gabriel me olhava com seus olhos grandes, como se não tivesse entendido a explicação. Entretanto, naquele momento, ele disse: "Eu também quero beijá-lo". Voltei, então, a explicar novamente por que ele não podia beijar o altar e, ao final, disse-lhe que eu o faria pelos dois. Isso pareceu confortar o menino.

No domingo seguinte, ao começar a celebração, eu beijei o altar e percebi que Gabriel colocou sua bochecha nele. O menino só desgrudou do altar depois de colocar um sorriso no rosto. Eu pedi que o garoto deixasse de fazer aquilo. Ao terminar a Missa, lembrei a ele o que havia lhe falado no domingo anterior: "Gabriel, eu te disse que somente eu beijaria o altar por nós dois". O menino, então, respondeu: "Eu não beijei o altar, ele que me beijou".

Eu, com cara séria, lhe disse: "Gabriel, não brinque comigo". Ao que ele respondeu: "É verdade, ele me encheu de beijos".

A forma como o garoto falou me fez sentir uma santa inveja. Ao fechar a igreja e me despedir dos fiéis, me aproximei do altar e coloquei minha bochecha sobre ele, pedindo: "Senhor, beija-me como beijaste Gabriel".

Aquele menino me lembrou que a obra não era minha e que ganhar o coração daquele povo só podia acontecer mediante aquela doce intimidade com o Único Sacerdote, que é Cristo. Desde então, meu beijo no altar é duplo, pois sempre depois de beijá-lo, coloco minha bochecha para receber seu beijo[6].

---

6. Disponível em: <https://pt.aleteia.org/2020/12/04/o-beijo-de-jesus-a-historia-de-um-padre-abencoado-por-um-coroinha>. Acesso em: 13 set. 2024.

O Senhor procura abrigo em nossos corações, deseja entrar e permanecer em nossas vidas. "Eis que estou à porta e bato: se alguém ouvir minha voz e abrir a porta, entrarei em sua casa e cearei com ele, e ele comigo"[7]. Quando abrimos a porta do coração, o Senhor entra, nos abraça, nos beija, faz refeição conosco, acende as brasas sufocadas pelas cinzas, revigora as nossas forças e nos devolve à vida com maior alegria.

2. Mudança de olhar

> *Tocou meus olhos*
> *Vejo o que Ele vê*
> *De forma límpida*
> *Seu olhar é vida plena*
> *Volto à vida feliz!*

Contemplamos em Jesus um modo totalmente distinto de olhar e de ver as pessoas e suas realidades. Ele se aproxima, percebe a situação e a necessidade de quem foi abandonado e alijado tanto da religião como da família e da sociedade de seu tempo.

Fixemos nosso olhar nestes dois episódios: Bartimeu, o cego de Jericó[8], e o cego de nascença. Jesus passava por Jericó e escutou alguém que gritava "Senhor, Filho de Davi, tem misericórdia de mim... que eu possa ver novamente"[9], é um

---

7. Cf. *Apocalipse* 3,20.

8. Cf. *Marcos* 10,46-52. RIBEIRO, ELIOMAR (Org.). *Amar e Servir.* São Paulo: Loyola, 2022, 141.

9. Cf. *Lucas* 18,35-43.

clamor que toca as entranhas de Jesus. Já o cego de nascença é um homem silencioso, não grita e nem faz nada, é um castigado por Deus. Jesus passa lama em seus olhos, manda que os lave na piscina de Siloé e ele volta a ver tudo claramente[10].

Mas, o que Deus tem a ver conosco? Como ele nos vê? Como ampliar o horizonte do nosso olhar a partir do olhar divino?

> Tudo o que é humano e que com o ser humano se relaciona tem a ver com Deus. Pois ele mesmo se encarnou. Não existe realidade fora do alcance de Deus. Ele é a luz que a tudo ilumina e tudo alcança. Ver tudo à luz de Deus é fruto de um lento exercício de contemplação. Trata-se de um ver com os olhos da fé, de um olhar que se funde na contemplação e na percepção de que Deus tem a ver com isto... e com aquilo. O que Deus tem a ver com a aurora do dia, com o silêncio da noite, com a algazarra das crianças, com o afago dos apaixonados? O que Deus tem a ver com a luta pela terra, com a abundância e com a escassez da água, com a fome e com o desperdício, com a guerra santa, com o terror, com a violência? O que Deus tem a ver com a história, com os desencontros entre os povos, com as previsões catastróficas, com a destruição da camada de ozônio? O que Deus tem a ver com a manipulação genética, com as vacinas, com as próteses, com as radioterapias e as quimioterapias, com as córneas doadas e com o paciente de hemodiálise que aguarda o novo rim? O que Deus tem a ver com a vida? O que Ele tem a ver

---

10. Cf. João 9,1-41.

com a morte? Para aquele que crê, uma resposta pode ser balbuciada: Deus tem tudo a ver com tudo![11]

As alegrias e as esperanças, as tristezas e as angústias dos homens de hoje, sobretudo dos pobres e de todos os que sofrem, são também as alegrias e as esperanças, as tristezas e as angústias dos discípulos de Cristo. Não se encontra nada verdadeiramente humano que não lhes ressoe no coração. Com efeito, a sua comunidade se constitui de homens que, reunidos em Cristo, são dirigidos pelo Espírito Santo, na sua peregrinação para o Reino do Pai. Eles aceitaram a mensagem da salvação que deve ser proposta a todos. Portanto, a comunidade cristã se sente verdadeiramente solidária com o gênero humano e com sua história (GS 1)[12].

O grande desafio hoje é mudar de lente, mudar de óculos, apurar o olhar para ver as situações deste mundo com os olhos de Deus. Não nos cabe tanto julgamento e pré-juízo. Não fica bem tanto olhar fulminante que julga, condena e, se possível, executa a sentença. Não vale a pena bloquear as pessoas de nossas redes sociais e de nossa vida. Não costuma fazer bem colocar óculos escuros que encobrem o mundo ao meu redor ou óculos de grau intenso que fazem ampliar e aumentar os problemas da humanidade. A arte é usar diariamente o colírio

---

11. SILVA, DOM JOÃO JUSTINO DE MEDEIROS, Arcebispo Metropolitano de Goiânia, disponível em: <https://www.cnbb.org.br/teologia-ver-tudo-com-os-olhos-de-deus/>. Acesso em: 13 set. 2024.

12. CONCÍLIO VATICANO II, *Constituição Dogmática "Gaudium et Spes"*, 1965.

da fé e da oração que me conduz a ver as pessoas e o mundo com o olhar divino, sem condenar nem destruir, apenas amar, amar e amar.

3. Mudança de rumo

> Nas buscas de cada dia
> Ele caminha comigo
> Faz arder meu coração
> Enche-me de alegria
> Reparte o pão da paz
> Envia-me em missão
> É o Amigo das andanças!

No Evangelho de Lucas[13], encontramos o episódio dos discípulos que abandonam Jerusalém, após a morte de Jesus, e vão para um pequeno povoado chamado Emaús. É a narração de um encontro, de um caminho e de um reconhecimento que resume todos os elementos da catequese pascal[14]. Podemos contemplar e interpretar o texto em três momentos:

Ao longe, a cidade de Jerusalém, o templo, os muros e uma grande luz entre as casas do povo, lugar onde Jesus mandou preparar e realizou sua última refeição com seus amigos.

---

13. Cf. *Lucas* 24,13-35

14. Cf. CHENU, B. *I discepoli di Emmaus*, Queriniana, Brescia, 2005; MARTINI, C. M., *Ripartire da Emmaus*, Centro Ambrosiano, Milano, 1991; FONTANA, A., *Emmaus, la strada di Dio. Meditazioni per tutti*, Elledici, Leumman, 1997; STEVAN, S., *Emmaus, i passi del Risorto*, Àncora, Milano, 2004; PERRONI, M., "Ma lui sparì dalla loro vista" (Lc 24,31). Eucaristia e speranza, em *Rivista di Vita Spirituale* 59 (2005) 464-482.

Nessa última ceia, pela força evangélica da partilha, fica no ar a luz da grande experiência da partilha do pão e vinho, da palavra, do serviço, do lava-pés, do perdão, do "amai-vos uns aos outros", da comunhão, da unidade; enfim, do testamento e das últimas recomendações do Mestre.

Saindo de Jerusalém, um dos caminhos leva a Emaús, distante uns 15 km. Nele, seguem os discípulos tristes, decepcionados, fracassados, com medo, sem esperança, à medida que se afastam da "luz". A noite escura os envolve e toma conta de suas vidas entristecidas. No caminho, marcados pela tristeza e pelo medo, vão conversando sobre os fatos acontecidos, os sentimentos de decepção etc. e Jesus se aproxima deles como um desconhecido, um forasteiro, e os questiona sobre o ocorrido, os faz recordar o que aconteceu e lhes reaviva a memória bíblica, a história do povo de Israel, sobretudo o que diz a seu respeito. Então, o coração deles se aquece, chega a arder, e convidam o "estranho" para ficar com eles, porque já é noite.

Jesus aceita o convite, entra na casa, senta-se, toma nas mãos o pão e o abençoa, bendiz ao Pai e reparte o pão. Repete o gesto da última ceia. Uma grande luz toma conta deles e seus olhos se abrem. Reconhecem Jesus, que então desaparece, e são tomados de um grande espanto, mas também de uma imensa alegria.

Levantam-se e voltam apressadamente à comunidade, à "escura" e temida Jerusalém, sem luz, sem esperança, e com as vidas ameaçadas. Reencontram os discípulos reunidos, com medo, contam o que aconteceu, que "Jesus está vivo!" e como se revelou a eles no partir do pão. A casa onde os discípulos estão reunidos se enche de luz, mas eles ainda não são capazes de perceber.

O relato de Emaús conduz à mistagogia: deixar-se conduzir ao centro do mistério divino. Deus continua a falar, a dar sentido, a escrever, a fazer história em nossa história. Continua a aquecer e a fazer arder nosso coração, convidando-nos a acolher e a reconhecer o Ressuscitado que caminha conosco, que entra na dinâmica de nossas vidas e revela-se no labirinto de nossas condições, situações e experiências de vida. Deus continua a dar força e a animar nossa esperança em dias melhores, nos quais a vida possa ser a expressão máxima do sonho de Deus que se faz nosso companheiro nas adversidades cotidianas.

> Daquelas ovelhas sem pastor, daqueles doentes sem médico, daqueles homens desiludidos nas suas esperanças, mas ainda repletos das recordações que continuam a lhes perseguir mesmo sabendo que não as encontram mais – naquele pobre tesouro dos seus sonhos perdidos – Jesus se aproxima[15].

Assim, o texto de Emaús nos oferece um modo autêntico de acompanhar o processo de educação na fé das pessoas: caminhar juntos, escutar, interessar-se, partilhar a vida, recuperar a memória, animar a esperança, reinterpretar os fatos da vida à luz da Bíblia, acolher, bendizer a Deus, comer juntos, proclamar a novidade, comprometer-se, recuperar a alegria

---

15. CERTEAU, M. De. *Les pèlerins d'Emmaüs*, em *Christus* 13 (1957) 57.

etc. A presença de Jesus desfaz o medo e lança luz nova sobre a vida dos seus discípulos.

4. Mudança de lugar

> *Agir com misericórdia*
> *Não ser juiz de ninguém*
> *Nem julgar ou condenar*
> *Perdoar sem medidas*
> *Dar de graça, de coração*
> *Cuidar da régua da vida!*

Jesus andava pelas cidadelas de sua região. Não escolhia tanto os caminhos. Estava atento aos campos, ventos, flores, sementes, rebanhos. Ele nos convida também a mudar de lugar físico, espiritual e hermenêutico. Tanta coisa muda no decorrer de nossas vidas: lugares, pessoas, experiências, sentimentos, desejos, sonhos, modos de ser. Calçar as sandálias do outro, experimentar suas alegrias e esperanças é uma habilidade que brota do modo como acolhemos as virtudes do Coração de Jesus em nós.

Colocar-se no lugar e na pele do outro é uma mudança necessária e libertadora. A atriz Katharine Hepburn, cuja brilhante carreira durou mais de 60 anos em Hollywood, relata um episódio de sua infância que nos ajuda a compreender isso:

> Uma vez, quando eu era adolescente, meu pai e eu estávamos na fila para comprar ingressos para o circo. Finalmente, havia apenas uma outra família entre nós e o balcão de bilhetes.

Essa família me causou uma grande impressão. Eram oito crianças, todas provavelmente com menos de 12 anos. Pela maneira como se vestiam, dava para ver que não tinham muito dinheiro, mas suas roupas eram arrumadas e limpas.

As crianças eram bem-comportadas, todas em fila, duas a duas atrás dos pais, de mãos dadas. Elas estavam tagarelando excitadamente sobre os palhaços, animais e todos os atos que veriam naquela noite. Pela empolgação, se percebia que elas nunca haviam ido ao circo antes. Seria um ponto alto de suas vidas.

O pai e a mãe estavam à frente da *matilha*, mais orgulhosos impossível. A mãe segurava a mão do marido, olhando para ele como se dissesse: "Você é meu cavaleiro de armadura brilhante". Ele estava sorrindo e gostando de ver sua família feliz.

A bilheteira perguntou ao homem quantos bilhetes ele queria. Ele respondeu com orgulho: "Gostaria de comprar oito ingressos para crianças e dois ingressos para adultos, para poder levar minha família ao circo".

A senhora do bilhete indicou o preço. A esposa do homem largou sua mão, sua cabeça caiu, os lábios do homem começaram a tremer. Então ele se inclinou um pouco mais perto e perguntou: "Quanto, você disse?". A vendedora de bilhetes voltou a indicar o preço. O homem não tinha dinheiro suficiente. Como ele poderia se virar e dizer a seus oito filhos que não tinha dinheiro suficiente para levá-los ao circo?

Vendo o que estava acontecendo, meu pai enfiou a mão no bolso, tirou uma nota de 20 dólares e a jogou no chão. Não éramos ricos em nenhum sentido da palavra! Meu pai se abaixou, pegou a nota de 20 dólares, deu um tapinha no ombro do homem e disse: "Com licença, senhor, isso caiu do seu bolso".

O homem entendeu o que estava acontecendo. Ele não estava implorando por uma esmola, mas certamente apreciou a ajuda em uma situação desesperadora, dolorosa e constrangedora.

Ele olhou direto nos olhos do meu pai, pegou a mão dele entre as suas, apertou com força a nota de dinheiro e, com os lábios tremendo e uma lágrima escorrendo pelo rosto, ele disse: "Obrigado, obrigado, senhor. Isso realmente significa muito para mim e minha família".

Meu pai e eu voltamos para o nosso carro e dirigimos para casa. Os 20 dólares que meu pai doou eram com que íamos comprar nossos próprios ingressos. Embora não tenhamos conseguido ver o circo naquela noite, nós dois sentimos uma alegria dentro de nós muito maior do que ver o circo e o que ele poderia nos proporcionar.

Naquele dia, aprendi o valor de dar. Quem doa é maior do que quem recebe. Se você quer ser grande, quer ser especial, aprenda a dar.

O amor não tem nada a ver com o que você espera receber, apenas com o que espera dar. A importância de dar e ajudar os outros nunca pode ser superestimada, porque sempre há alegria em dar[16].

---

16. Disponível em: <https://jornal.paranacentro.com.br/noticia/36537/a-bonita-historia-de-katharine-hepburn>. Acesso em: 13 set. 2024. [grifos nossos]

É uma arte aprender a dar, a fazer alguém feliz através de nossos atos de generosidade. O amor vivido, ensinado e desejado por Cristo é ser capaz de amá-lo no cuidado, na defesa, na visita, na saída de nós mesmos sem desejar nenhuma recompensa, senão saber-se amado desde sempre.

5. Mudar os sentimentos

> *Estejam atentos aos sinais*
> *O Reino cresce como semente*
> *Germina no coração de cada um*
> *Não andar dividido ou distraído*
> *Segredo de vida eterna*
> *Viver o amor é a felicidade!*

Quando São Paulo escreve aos efésios, convida-os a ter os mesmos sentimentos de Cristo:

> Pelo conforto que há em Cristo, pela consolação que há no amor, pela comunhão no Espírito, por toda ternura e compaixão, levai à plenitude minha alegria, pondo-vos acordes no mesmo sentimento, no mesmo amor, numa só alma, num só pensamento, nada fazendo por competição e vanglória, mas com humildade, julgando cada um os outros superiores a si mesmo, nem cuidando cada um só do que é seu, mas também do que é dos outros. Tende em vós o mesmo sentimento de Cristo Jesus[17].

---

17. Cf. Efésios 2,1-11.

Esse texto é muito importante para nós, seguidores de Cristo, que trilhamos um itinerário espiritual como proposta da fé cristã que se traduz na vida e na ação concreta de nossas pastorais, movimentos e serviços eclesiais.

A mudança de direção e de sentimentos em nossas vidas acontece quando somos capazes de descentralizar, sair de nós mesmos, não estar apegados a ideias fixas, poderes, riquezas, conceitos e julgamento dos outros. Dois personagens bíblicos nos ajudam a compreender essa dinâmica: Zaqueu e Nicodemos.

Zaqueu é desses homens detestados pelo povo. Ele é chefe dos cobradores de impostos, um funcionário do Império Romano. Havia escutado muita coisa sobre Jesus e desejava vê-lo. Quando soube que Jesus passaria por Jericó, sua cidade, planeja o que fazer para satisfazer o seu desejo. Por ser de estatura baixa e pensando na dificuldade que teria em vê-lo no meio da multidão, resolve subir numa grande árvore, na praça da cidade, para ver melhor Jesus quando por ali passasse[18].

Escutemos Zaqueu, que fala de si:

> Aos olhos do povo, eu era um pecador, e bem lá no fundo eu tinha consciência do meu pecado. Mas como me libertar dessa culpa que tanto me incomodava? Como seria possível me livrar das amarras do poder, da riqueza e da corrupção? Será que eu suportaria uma vida sem uma boa comida, roupas finas e elegantes, sendo privado dos

---

18. RIBEIRO, ELIOMAR (Org.). *Amar e Servir*. São Paulo: Loyola, 2022, 141-142.

primeiros lugares nas festas? Sim, existia um caminho... melhor... uma pessoa! O momento da salvação chegou e eu não serei mais o mesmo Zaqueu, homem atormentado pela solidão e pela vaidade. Agora tudo mudou, o encontro com Jesus me tornou um homem de luz e sedento da verdade. Descer da figueira foi só o começo de uma longa e transformadora história[19].

Nicodemos era um fariseu importante, doutor da Lei e membro do Sinédrio. Era um homem inquieto e buscava a verdade. Acompanha Jesus de longe e marca um encontro com ele à noite, meio às escondidas, talvez com receio de ser criticado por seus colegas fariseus por ter se interessado por Jesus. Na conversa com Jesus quer saber quando o Reino vai se manifestar. Jesus muda o assunto e responde que é preciso "nascer de novo". Terei de voltar ao ventre materno?, interroga Nicodemos. A conversa é longa e Nicodemos volta para casa convencido de que Jesus é mesmo o Filho de Deus que anda fazendo maravilhas e revelando as coisas do Reino[20].

---

19. DUPRÁ, ELIANE. *Meu coração a teus pés - Vidas transformadas por Deus*. Paulinas, São Paulo, 2023, 87-92.

20. DUPRÁ, *Meu coração...*, 95-100.

6. Final do começo

> *Trabalho, fadigas, alegrias*
> *Suor, lágrimas, avental*
> *Prontidão e serviço atento*
> *Gratuidade do coração*
> *Somos servidores do Reino!*

A vida espiritual é vivida na dinâmica de dois imperativos: amar em particular e amar de forma mais ampla. Amamos em particular (a esposa/o marido, os amigos e os filhos), mas, ao respirarmos o ar fresco de Deus, os nossos amores são alargados, libertos da exclusividade e da estreiteza. Madre Teresa gostava de dizer: "O problema do mundo é que desenhamos um círculo familiar demasiadamente pequeno"[21].

Atualmente cresce entre a humanidade a separação entre sagrado e divino, santo e pecador, noite e dia, sombra e luz, mundo e céu, bons e maus etc. Muitos defendem, do ponto de vista da fé, que é preciso exorcizar as pessoas e as realidades, pois uma força demoníaca caminha entre nós. Mas, ao contrário, nosso mundo necessita é ser amado!

O nosso mundo não é um vale de lágrimas nem nós estamos num desterro. O nosso mundo é o "jardim que Deus plantou" para o ser humano[22]. Somente amando o mundo como Deus o ama e abraçando a vida como ela é, é que

---

21. Radcliffe, Timothy, *A arte de viver em Deus*, Paulinas, São Paulo, 2023, p. 283.

22. Cf. Gênesis 2,8.

nós poderemos nos engajar na transformação desse mundo para que ele se aproxime do sonho de Deus, expresso no termo "paraíso" que, por ora, é uma utopia[23].

No começo, Deus criou os seres humanos e lhes deu de presente um jardim[24]. A única tarefa dos nossos antepassados era cuidar do jardim e contemplar a sombra do próprio Deus que passeava nele. Mas, alguma coisa impediu essa convivência harmoniosa. Convidados a sair do jardim, os seres humanos vagueiam pelo mundo na esperança de um dia regressar.

Na origem de tudo está Deus, os seres humanos e tudo o mais criado para garantir a vida humana na terra. Em Jesus Cristo temos a revelação do imenso amor de Deus por nós. A experiência cristã permitiu a Santo Agostinho a compreensão do sentido profundo da vida humana, como declarou logo no começo das suas *Confissões*: "Fecisti nos ad Te et inquietum est cor nostrum donec requiescat in Te"[25]. É Deus mesmo quem nos atrai, se aproxima de nós, nos convida a voltar ao jardim, ao essencial, à origem, ao nosso destino eterno.

O Papa Francisco nos sugere três atitudes para vivermos de modo autêntico o nosso seguimento de Cristo e o serviço missionário que a fé nos pede: alegria, oração e gratidão[26].

---

23. CONTIERI, CARLOS ALBERTO, "O amor, expressão máxima da vida cristã", *In*: *Amar e Servir*, Loyola, São Paulo, 2022, p. 61-76.

24. Cf. Gênesis 1-3.

25. AGOSTINHO, *Confissões*, Vozes, Petrópolis, 2001, "Tu nos fizeste para ti, e o nosso coração estará irrequieto até que não descanse em ti".

26. Disponível em: <https://www.vaticannews.va/pt/papa/news/2017-12/angelus-do-terceiro-domingo-de-advento-2017.html>. Acesso em: 13 set. 2024.

A primeira atitude, é a **alegria que brota do coração**. "Vivam sempre contentes", como exorta o apóstolo Paulo, nos desafiando a manter a alegria mesmo em momentos adversos, quando as coisas não acontecem conforme os nossos desejos, pois a verdadeira alegria está enraizada na serenidade interior. "As angústias, as dificuldades e os sofrimentos atravessam a vida de cada um, e tantas vezes a realidade ao nosso redor parece ser inóspita e árida", mas sabemos que entre nós está o Ressuscitado, que nos devolve a alegria, a coragem e a paz perdidas.

A segunda atitude está ancorada na **oração perseverante**. A oração perseverante nos conecta com Deus, fonte de paz, e nos ajuda a encontrar mansidão mesmo nas contradições de cada dia.

> Por meio da oração, podemos entrar em uma relação estável com Deus, que é a fonte da verdadeira alegria. A alegria do cristão não se compra, vem da fé e do encontro com Jesus Cristo, razão da nossa felicidade. Quanto mais estivermos enraizados em Cristo, tanto mais encontraremos a serenidade interior, mesmo em meio às contradições cotidianas... Quem encontra Jesus Cristo, não pode ser um profeta da desgraça, mas uma testemunha da alegria. Uma alegria que contagie e que torne menos cansativo o caminho da vida.

Por fim, a terceira atitude, **a gratidão**, realiza-se quando reconhecemos o amor e a bondade de Deus com um coração agradecido, vivendo em contínua ação de graças, por tanto bem recebido. "Deus, de fato, é muito generoso para conosco, e nós somos convidados a reconhecer sempre seus benefícios, o seu amor misericordioso, a sua paciência e bondade, vivendo assim em um incessante agradecimento".

Há muito que aprender com Jesus para viver em plenitude o mistério da vida que recebemos. Ter a vida unida a Deus, entrar diariamente na intimidade do Coração de Jesus, deixar-se revigorar pela força do Espírito Santo é o que resta a quem quer realmente aprender com o Mestre.

Somente um coração confiante, capaz de oferecer-se diariamente, que carrega consigo as dores e as alegrias, os desafios da humanidade, está apto a aprender de Jesus todos os dias.

> É uma loucura odiar todas as rosas
> porque você foi arranhado por um espinho,
> desistir de todos os sonhos
> porque um deles não se tornou realidade,
> desistir de todas as tentativas
> porque uma delas falhou.
> É tolice condenar todos os seus amigos
> porque alguém te traiu,
> não acreditar mais no amor
> só porque alguém foi infiel
> ou não te amou de volta,
> jogar fora todas as suas chances de ser feliz
> porque algo deu errado.
> Sempre haverá outra oportunidade,
> outro amigo,
> outro amor,
> uma nova força.

Para cada fim,
há sempre um novo começo[27].

Eis o meu segredo.
É muito simples:
só se vê bem com o coração.
O essencial é invisível aos olhos[28].

---

27. ONAMAAC, ZIRTAEB, *Ordinairement extraordinaire*, 2015.
28. SAINT-EXUPÉRY, ANTOINE DE, *O pequeno príncipe*, Rio de Janeiro, Agir, 2015, p. 72.

Edições Loyola

editoração impressão acabamento
Rua 1822 nº 341 – Ipiranga
04216-000 São Paulo, SP
T 55 11 3385 8500/8501, 2063 4275
www.loyola.com.br